# デートは地球の反対側で！

小川彩子&律昭



文芸社

# ［プロローグ］

## 異文化夫婦の地球千鳥足

私たちは異文化夫婦。相互理解に努力を要し、その努力を怠ると即刻文化の衝突を生ずる夫婦である。一を聞いて十を知り、トレーニングなしで山に登り、面白い話を聞いた途端に遠距離切符を買っている夫。好奇心の固まりで人を惹きつける話術もあるが、地味な部分は避けて通る。優しさはピカ一だろう。妻の性格はおおむねその対極にあり、努力に価値を置く。ウサギ夫とカメ妻夫婦の共通点を探したら……地球徘徊だけだった。

旅好き夫婦が迷わず決断したことは「生命保険をかける代わりに、その費用で旅をする」ことだった。この案は成功だった。若いうちから生命保険をかけていれば保険会社に巨額の献金をしただろう。そう思えば旅の費用が惜しくない。そのうえ心身の活性化というおまけがついてきたのだから。

［1/2＋1/2＝1］ではなく［1＋1＝2］でありたいと願ってきた私たち夫婦。日本、アメリカ、時にはメキシコと目的のあるところに住み、そこを拠点として、自分の休暇、体力、興味に基づき、自立した旅を行ってきた。けれども、アメリカで松茸狩りや温泉を楽しみ、ノールウェイのフィヨルドで釣り、熱帯雨林の川を遡って失われた世界を訪ねる等、これはと思う旅はもちろん一緒。こんな夫婦が初めて共著した地球探訪記のこの本は、定年後の生き方を模索している熟年夫婦、旅好き老若男女に、旅や人生ガイドとして役立つかもしれない。

旅は出会いに彩られ、人々の親切に支えられ成就するもの。地球をさ迷う夫婦にとって、旅は人間愛と共生の生活の探求、出会いは見えざる宝石だ。周りに出没するペテン師たちさえも。文化と生活環境は異なろうとも地球上の人々の心は一つ、戦争のない世に共に生きたいと願っている。グローバリゼーションの進む現代、持てる国と持たざる国が共生し、地球が生き残るためには、持てるものを分け合うしかないのだが、我々はうまく分け合っているだろうか。

人生哲学が異なるウサギとカメ夫婦も足元の異文化共生を目指しつつ、旅は道連れ、地球は船、同時代に同じ船に乗り合わせた船客同士との異文化理解と共生の道を探ります。気合いを入れ、よたよたと千鳥足で。お楽しみいただければ幸いです。

（彩子／二〇〇四年三月）

## 丸腰人生——熟年さん、お金は残すより遣い上手に！

仕事も肩書きもあった人生を終えて七年になる。今は気ままに「エイ、ヤー」で行動して生きている。現役の人が「油絵なぞ描いていてもつまらんでしょう」と言いたい気持ちはよくわかる。「過去を切り捨てて何ができる」と思う人も多いだろう。だが人間関係を思い煩うことなく人生の新しい節目を開くのは楽しいこと。たとえ趣味の分野から始めようとも生き甲斐の模索であり、真っ白い紙の上にどのような色やデザインも描いていけるのだ。

定年後は過去の経験と感性で培った人生から脱却したいものだ。時代も大きく変わってきており今までの思考と行動ではついて行けなくなっている。だから今自分を変えることによって時代にも適応でき、活動的で新たな人生が体験できるのだ。何ができて何ができないなど過去のことには執着しない。高齢者の異文化体験も刺激があって良いものだ。

私はたまたまアメリカという異なった環境で一年の半分ほどを過ごしているので暮らしに幅が出て変化も追える。旅も好きだからここ四年来アメリカを拠点にして海外をうろついている。六〇歳を過ぎてバック・パッカーが身につき、好奇心を武器として思いつくままに旅をしてきた。中南米はアメリカから近いのでよく行くが、アルゼンチンでは氷河も歩いてきた。クレバスを飛び越えながら登ったり下ったりし、一汗かいての極めつけはそこの氷を砕いてのオン・ザ・ロック、一万年前の味覚だった。コスタリカのように南国トロピカルの川と化した熱い温泉に浴す幸運にも出合えた。ヴェネズエラでは二日間ボートで川を遡行し、ジャングルを歩き、眼前に一〇〇〇メートルの落差の滝も見た。泳いだ滝壷で入歯が勝手に泳ぎ出したのにはあせったが。汗だくで登ったペルーのワイナピチュ山頂の大石の上からマチュピチュの遺跡群を眺望したのは七一歳の誕生日だった。

今はお金を遣うことが難しい年齢であると思う。どうしても明日に備えたくなり、楽しんで遣いたがる人は少ないだろう。生活に変化をつければ預金の数字が減る。銀行預金の数字を眺めているのが一番無難であろう。ところがお金を遣うことで熟年生活が変わることも事実である。私は死ぬ時には資産ゼロの状態を願っている。

定年後は子どもや孫の話をするのではなく、自分自身の話題が豊富な人間でありたいと願い、思いつくままにトライし、生来の好奇心で行動している。外国語という武器もなく資金も年金をやりくりしての丸腰人生だが、生活に変化を求めて楽しんでいる。リスクとリターンは抱き合わせであり、経験の豊かさは心身の活性化をもたらす。生活防衛の終わったご同輩、熟年さん、お金は残すより遣い上手に！

（律昭／二〇〇四年三月）

目次

本書は、『デートは地球の裏側で！　夫婦で創る異文化の旅』（春陽堂書店、二〇〇四年）を改題、改訂し、新たに刊行するものです。

## カサブランカで逢いましょう　――結婚二五周年のデートは地球の反対側で

ハンフリー・ボガードとイングリット・バーグマン主演の映画「カサブランカ」をご存じの熟年は多かろうと思う。第二次世界大戦中、モロッコはカサブランカでのラブ・ストーリーだが、余韻の残る悲恋のエンディングゆえに不朽の名作としてしばしば再上映される。映画のロマンチックなストーリーと余韻がもたらすカサブランカのイメージから、結婚二五周年記念には、夫婦別々に一人旅をし、「カサブランカで逢いましょう」ということになった。一九八六年暮から正月にかけての話だ。

イベント好きな我々夫婦のどちらから出たアイデアか忘れたが、その時すでに我々は挑戦大好きで可能性を確かめることにエキサイトした。のちにして思えば、さっさと決めて実行した我々より、別行動の両親を心配させられた子どものほうがむしろ不安だったことであろう。カサブランカで会ってモロッコとエジプト国内は行動を共にしたが、往復切符が安い関係上帰路もまた別行動だった。

この年に知人に送った年賀状の一節にこう記している。

「気がつけばSilver wedding。その時には二人合わせて地球一周を、とその可能性を検討してきたが、冬休みという時間の制約と予算が規模を大幅に縮めてしまった。北回りと南回りでそれぞれが興味のある一国に立ち寄り、カサブランカで逢いましょう、というわけ。うまく逢えればグラスでカッチン、さもなければ一人で盃を傾ける。いずれにせよ遥かな地よりおめでとう！」

この企画のたった一つのルールは自分の決めた訪問国を自分なりに見てからカサブランカへ向かう、としたことである。したがって、この結構長い旅のホテル予約は一夜だけに決め、実際にカサブランカ・ハイアット・リージェンシーのみを予約した。我々としては贅沢なホテルだったが、記念すべき結婚二五周年の、しかも個別バック・パッカーを成就して待ち合わせる特別な場所なんだから、と思い切ってここを選んだ。着いてわかったことだが特別企画成就を祝うがごとく室内はすべて明るいピンクの配色であった。

出発の日が来た。その日の朝妻が、翌日夕べに夫が家を出た。妻はパキスタンを、夫はオランダを訪問国に選んだ。身軽が一番だからとスーツケースはなくリュックのみ。今で言うバック・パックの旅だ。妻は「じゃあ、カサブランカでお逢いしましょ！」と元気よく手を振って我が家を出て、路地の角を曲がった。玄関の外で見送る私のほうが不安げな表情だったという。思えば見送る私が不安に陥るのは当然のことであった。妻の一人旅も、これから始まる自分の旅の行方も、ともに不安の材料であった。特に私は一人旅は初めてであり、オランダを選んだのも安全そうだから、という理由だった。

私はカサブランカへの中継点になったアムステルダム空港に降り立った。今まではグループ・ツアーの旅であり、初めての一人旅ゆえ特に印象に残った空港免税店でのひとこまは今でも記憶から消え去っていない。

何を買ったか記憶にないが、店員から「ボーディング・パス！」と言われた。何を問われているのかその意味がわからなくて私がキョトンとしていると彼女は再び「ボーディング・パス！」。私はうろたえた。すると思いもかけない言葉が彼女の口からほとばしった。「搭乗券！」となんと日本語で。

初めて「ボーディング・パス」の意味が理解できた。恥ずかしながら海外旅行の必須用語の意味さえ知らない英語音痴の中年男だったのだ。それなのに深夜一二時着の飛行機を選んで空港に到着したのだから、心臓は強かった。

予約していたホテルに行くためタクシー乗り場で車を待った。深夜だからなかなか車が来ず、たまに来ても長い順番待ちだった。ようやく順番が来たのに近距離のホテルだったので乗車拒否をされてしまった。次の車も次の車も同様で、後ろに待機していた客たちを乗せて行ってしまう。一人客は乗せてもらえないのか、と思い、寒さに震えながら三〇分は待っただろう。他の客たちはお互い相談し合って相乗りし、私を抜かして乗ってしまった。

一番の問題は言葉ができないことだった。しゃべれるならば他の客と話し合い、相乗りできるのにどうすることもできなかった。仕方がない、空港に引き返して夜を明かすしかない、と最後の手段を考えつつ待っていた。すると一人の客が予期せず私に声をかけてくれて、同一方面だったのか相乗りさせてくれたのだ。助かった。
「地獄に仏」とはこの状況をいうのだろう。私を先に降ろしてくれ、料金を払おうとしたが受け取ってもらえなかった。彼の行為は親切を通り越して神様の助けのように感じた。一人旅の不安と喜びを共に味わったこれらの出来事が記憶に鮮明すぎ、オランダ国内の旅は思い出せない。

カサブランカへやってきた。妻は来ているだろうか？　レセプション（ホテルの受付）で心臓が高鳴った。が、予定通りすでにチェック・インしており、電話するとにこやかに階下へ下りてきた。ホテルのレセプショニストは我々が別々に着いたことで「ファンタスティック（奇想天外ですねェ）！」と褒め称えてくれた。珍しいケースだし、シルバー・ウェディング（銀婚式）の企画だと聞いてそのアイデアと心意気に一層感動したらしく、即座にテーブルの上に飾ってあった大輪のバラにリボンをつけて妻に差し出した。「二人へのプレゼントです！」と言いながら。はにかみながら受け取ったとても嬉しそうな妻の表情は今も忘れられない。

すぐに二人で乾杯したことはいうまでもない。ピンクの壁の部屋で深紅のバラを飾って。妻の旅への不安もあったが何より自分がここまで一人旅で到着した達成感が大きかった。妻は一足早く一人旅を始めていたが私は今までグループ・ツアーばかりであったから。なんとそのうえ、次の夜予期せず大勢の日本人グループに祝福のパーティーをレストランで催してもらった。「贅沢なホテルは一夜だけにしよう」と翌日のホテル探しに街に出た時、ひとりの日本人に出会った。彼は電気機関車の定期修理のため長期滞在していた日立製作所の関連会社社員だったが、我々の銀婚式のお祝いをしようと仲間に呼びかけてくれたのだった。カサブランカはやはりロマンの町であった。

妻が勢い込んで話したところによると、パキスタン探訪は地を這うような旅だったが、数々の出会いがあり、限りない親切を受けた。ラホールのシャリマール庭園ではあれよ、あれよと騙されたが、由緒ある家柄の結婚式に招待を受け、モヘンジョダロ近くの町でも個人の家に招かれ、数人のご近所さんたちと短時間歓談したという。欲張ってペシャワールまで足をのばし、アフガニスタンからの難民キャンプも訪れたとか、カラチまでのぎゅう詰め夜行列車で立ちくたびれた頃、誰かが「床に横たわれ」とスペースを生み出してくれ、振動で背骨が枕木をこするように感ずる過酷な列車の旅ながら、人の親切で疲労が中和されたという。パキスタンの地方を一人で回る日本人女性がまだ少なかった頃で、どこに行っても受けた親切で心温まり、パキスタンを選んでよかった、と興奮して話した。

カサブランカでは体中にコップをぶら下げた水売りの一人が翌日タクシーの運転をやっていた。「昨日はお水を売っていらしたでしょ?」と妻が言ったら「よくわかったねえ。しかしあれは弟なんだよ。良く間違えられるんだよ」と大サービスで運転してくれた。フェズではメディナ（城壁）の中のお尻から糞をこぼしながら進む「タクシー」、山羊の生首の行列、皮革染色工場の裸の男たち、染料に染まった川が記憶に鮮明だ。

マラケシュへは朝六時に出発、カサブランカからタクシーで四時間だった。妻は「夜明けの太陽が銀色だ!」と叫び、「銀色の遥かな道……」というような歌を口ずさんでいたことが忘れられない。マラケシュの広場の蛇使いや種々の大道芸は郷愁を呼ぶものだったが、それよりも売り物の菓子に蝿がびっしりたかっていたことや、ミントに湯をかけたお茶を試したこと、等の思い出がより鮮明だ。帰路のタクシーはパンクし、隣をビュンビュンと車が通り抜けて行くのを恨めしく眺め、当時のこととて二時間以上我慢して待ったが大陸の夜は寒かった。カサブランカの宿にやっと夜一〇時に着いたが我々夫婦とも苦情を言って値切るほどすれてはいなかった。

ラバトでは列車で同席した新婚の夫婦に招かれてアパート訪問。ご主人は国会の職員で美男、奥さんは典型的なアラブのお顔だったが、家具の多さに驚いたら「奥さんが嫁入り道具に持ってきた」とご主人がご満悦だった。ドアには鍵が一〇個ぐらい縦列していたのが印象的だったが金持ちは自衛が必要なほど危険だったのだろう。妻はすでに自費出版していた英文・和文随想集を国会図書館へ寄贈したいとお願いした。喜んで引き受けてくれ、この夫婦とは長く文通が続いた。

フェズで一日タクシーを乗り回し、あまりの金額に驚いて不足分の代わりに水筒と折り畳み傘を差し出した。引き取ってくれたあの善良なタクシーの運転手さんにはもう一度会ってお礼を差し上げたい、といつも思い出す。ふっかけるような運ちゃんではなかったから本当に気の毒をした。寒いプラットフォームで帰りの列車を待っていたらファースト・クラスの待合室に案内してもらった。翌朝帰り着いたカサブランカでは一つ手前の駅で降りてしまい、現地の人に誘われてパンとお茶の美味しい朝食レストランに入って食事をし、ホテルまで歩いた。

モロッコでもパキスタンと同じく日本人の個人旅行と知ると家庭に招いてくれたり、人懐っこく話しかけてくる人が多かった。夫婦がドッキングしてから共に訪れたエジプトでは日がな一日騙され続けた。人生勉強も含めて体験の量と質は計り知れない。数々の文通がこの旅で始まり、今に続いているものがある。

洋の東西を問わず人生の節目には、やれ誕生日だ、結婚記念日だ、人生の峠だ、還暦だ、と祝いあう。物品のやりとりも否定しないが「賢者の贈りもの」のように心は通じてもすれ違いも起こるだろうし、記念の品より永遠に心に残る記念プロジェクトをお勧めしたい。自分たちなりにユニークな企画をひねりだして。我々は「カサブランカ」と聞いただけで写真は見ずとも、その時の情景が脳裡に走馬灯のごとく回転しながら、甘い感傷に包まれて蘇ってくる。生き生きと、今でもだ。

夫婦ともども元気であるなら決断と行動をすることで、共有の心の財産が得られる。航空機代金は二人で一〇〇万円ぐらいだったように記憶しているが、お金は有効に遣われたとして後悔はない。不況期の昨今だが、老後のためにと貯め込んでいるだけの人たちへ、「お金を残して何になる?」と呼びかけたい思いだ。

（律昭／モロッコ、パキスタン／二〇〇三年）

## 壁の中　――山羊の頭と裸の男

バブ・バブ・ジェイド門をくぐると迷路が始まる。ここはモロッコ、フェズのメディナ（旧市街）、三時を過ぎて少し暗い。狭い通路の道端に野菜、果物、香料の山、蝿のたかった生臭い魚が所狭しと、ひしめいている。シシカバブーを焼いているどの店にも、かいがいしく働く子どもの姿がある。人と一緒に荷物を載せたタクシー（ろば）が狭い通路に糞を落としながら通る。どの路地も人、人、人で混み合い、角を曲がると限りなく迷路が続く。

たまげたことに、誰がどうやって食べるのか、殺したばかりの山羊の頭が七、八個、切り口を下に血を流して、けれども生きているような安らかな表情で売られていた。二列に並んで、通りを向いて。一人のツーリストがカメラを向けた。すると男が血の滴る首の角を持ち、その頭を振りかざしてそのカメラ・マンを追いかけた。

彼は金切り声を上げ、「アイム・ソーリー！」と謝りながら走り、山羊売りの男が消えてからも走り続けた。私はそれが自分でなかったことに胸をなでおろした。ライン・アップした山羊さんのこうべは被写体にしてはならない聖なる頭だったのだろう。

お祈りを捧げ、神の許可を得ていただくものなのであろう。

迷路に面して壁が、その壁にたくさんの入口がある。迷路からふと門をくぐると広くきれいな手工芸品店や錫の飾り皿彫刻場や大学跡や美しいモスクさえ現れたりする。迷路のざわめきも個々の居場所で懸命に働く人々も、すべてをひっくるめたこのメディナはぞくぞくするほどの興奮を覚える魅惑的な場所であった。

迷路の奥の一角にタネリー（なめし革工場）はあった。速い流れのフェズ川の近く、異様な臭気のするところでヒョイと塀をくぐると別世界、もはやあの人ごみの喧騒はない。見渡す限りコンクリートやモザイク貼りの水槽が並ぶ。何十、いや何百もあろうか。丸型、角型、大あり小あり、高く低く、段々畑のように何段にもわたってタンクがあり、赤や青の、いつ変えたともしれぬ水が入っている。男たちが皮を水に浸している。澱んだ水に足ごと浸かって。

このタネリーの中、水でびしょびしょする、田舎の畦道のような細い通路を注意して登ると低い建物の屋上かテラスらしきところに出た。そこには殺したばかりの牛の皮や、やや乾いた皮が並べてあり、むしった毛もあった。足元は滑っておぼつかない。写真の足場を探していた私は滑って尻餅をつき、もう少しでベトベトの汚水タンクの中へまっ逆さまに落ちるところであった。

　下りる時よく見ると建物はいくつもの小部屋に分かれていた。頭がつきそうに天井が低く、光の射さないプリズンの独房さながらの小部屋で上半身裸の男が背を曲げて皮をなめしていた。私の目は彼の顔に引き寄せられた。彼も私をチラッと見た。「こんにちは」と思わず私は挨拶した。驚いたことに彼も低い声で「やあ」と言った。

けれどもそれっきりであった。彼は仕事に戻り、二度と顔を上げることはなかった。

丸めた背は語っていた。興味や同情に違いない私の親密さをきっぱりと拒絶する、と。

　彼がこの小さな石室をさよならする日があるだろうか。一生ここから出られないのではないか？　裸の背に混乱しながら私は地上へ下り始めた。

　こことは一転、スーク（市場）は華やかな雰囲気だ。夥しい数の美しく仕上がったジャケット、スカート、バッグなどが売られている。私も柔らかい子牛のジャケットを買った。天井の低い石の独房で背を曲げてなめしていた男を思い出しながら。ここでは客は値切って買うのが常識だ。売り手のおじさんたちは海千山千。交渉に負けたふりをしてその実、チャッカリ儲けている。その小売商人たちがどれだけ要領よく稼ごうとも、あの石室に隔絶されて一番大変な部分を受け持つ男たちの手にはビタ一文流れて行きはしないであろう。まして外国の商人たちは叩きに叩く。その場合の採算調整は石室の男たちが受け持つのだ。メディナの入口付近で売られていた山羊の首の列以上に石室の男たちの姿が私の胸を締め付けた。

山羊の血、牛の涙で地面がぬかるんだ「塀の中」、男たちの汗と吐息で湿ったタネリーから私はもとの迷路に出てフェズ川を見下ろした。一人の男がズダ袋の口を開けては、何袋もの染料を無造作に川に放り込んでいた。川の水は真っ黒に染まってものすごい速さで流れていった。一昔前、このメディナに入った旅人は二度と帰ってこなかったという。牛や山羊のお肉とミックスされてしまったのだそうだ。今だって私はパスポートと共に誰にも知られず、この染料に染まった、流れの速い川に放り込まれて抹殺されることがあり得るだろう。

そうならなかった幸運を喜びながらもメディナの外への私の足取りは重かった。裸同然で働いていたなめし皮職人の男を思い、後ろ髪を引かれて。

（彩子／モロッコ／一九九五年）

## 幻のキリマンジャロ凧揚げ

野生動物がサバンナを行く牧歌的光景の中、真っ白い雪をかぶって聳え立つキリマンジャロの遠望写真を見る時、人はそこに広がる大地のロマンに思いを馳せ、人間は登頂を試みる欲望を抑えがたいのではなかろうか。

標高五九五〇メートルのキリマンジャロは、ものの本に素人が登れる最高の山、とある。富士山にも登ったことがない私なのに、と思ったがなんとかなるだろうと日本の旅行会社の企画した登頂ツアーに参加することにし、説明会に行った。グループ・リーダーとしては山のベテランのガイドがつくという。持ち物や注意事項を聞いているうちに寝袋による山小屋泊なら難しくはないだろうと気楽に決断し、登山に参加することにした。会社員をしていた五〇代の頃である。ナイロビ（ケニヤ）までは航空機、マイクロバスでタンザニア側キリマンジャロ登山口の街アリューシャを経て登山の基点マラング町へ。ゲート口の高度は一六五〇メートル、という説明だった。

当日となった。女性五名に六名の男性のグループだ。仲間は山男らしく、登山靴で専用ズボンにヤッケをまとい、よく写真で見かける完全装備だ。私は運動靴に夏ズボン、日焼け防止に長袖シャツの軽装で格好も悪い。もともと登山そのものに関心がなかったからだ。一方九時ごろ集まったポーターたちは運動靴やサンダル履きがほとんどだ。しかも、大きな麻袋に入れた我々のザック類を一人が一、二個入れ、頭に載せて登山するのだ。そのうえ、手にはポリタンクやランプを持っている。彼らの目には私以外の日本人の大げさな装備がどのように映ったであろう。物質文明の先端を行く我々の装備をどんな思いで見ていたのであろう。これから五日間は親方である政府公認のガイドに雇われたのだ。上前をはねられ、その残りが彼らの生活収入だろう。登山期間中は食事つきだが、我々と異なり山小屋ではなく仮小屋で毛布にくるまっての雑魚寝となる。

登山中途のホロンボハット三七八〇メートルまでは楽に行進できたが、最終の山小屋キボハット四七〇三メートルに至るまでは不毛の火山砂れき地帯で、行けども行けども距離が縮まらないダラダラ坂だ。そこから山頂に至る風景は現実離れした絵画の世界であり、裾野まで雪に覆われたキリマンジャロの容姿は威圧するがごとく君臨し、なんと神がかっていたことか。素晴らしい、という言葉以外に形容詞を知らぬ情けなさ。この魅力的な陣容を征服したい心境は、誰にでも共通するものではないかと思いながらも、息は喘ぎ始めていた。

ラスト・ウオーター地点四一五〇メートルを過ぎて、四三九四メートルの表示を見てから胸の動悸も高鳴り、一つ息をつきながら行進。それほど急な上りではないのにすぐ休みたくなるのは高度のせいだろう。ただ歩くことだけで苦痛を感じるのだった。出発して五時間、最終の山小屋に着いた。周辺の岩陰や北斜面には雪が積もっていたし、日差しは強く風も冷たかった。風をよけ建物の裏側で食事を摂った。ソフト・ドリンクの缶を開けると気圧の関係で容器が勢いよくへこんだ。

食後はまず寝ることにした。一二ベッドの蚕棚式部屋が我々に割り当てられていた。全部で四〇ベッドぐらいか。五時ごろ夕食に起こされたが頭がガンガンして食欲がなかった。だが食べておかないと深夜の零時半起床、一時出発に支障をきたすと思い、熱い紅茶を飲み日本から持参された赤飯をいただいた。食欲のあったことに驚いた。もうポーターの食事は欲しくなかったが、梅干、昆布などの日本食が食欲を増進させてくれた。

午前一時、凍りつく寒さの中、満天に星をいただいてさあ出発だ。先頭にガイド、女性五名に続いて六名の男性、私がしんがりだ。二名の副ガイドで一列縦隊となって登り始めた。ザクザクと親指大の火山砂を踏みながら。緩やかな上りは直線、勾配の急なところはジグザグ行進と足元に力を入れながら一歩一歩と進み、休憩では大きな点石を見つけてドスンと腰を下ろした。

一時間は登ったであろうか、突然に天候が急変して雪に変わり、みるみるうちに周辺が真っ白になった。先頭者は雪を踏みつけて道を作りながらジグザグ行進した。腹式呼吸をしても心臓は締め付けられるように苦しく、吐き気をもよおした。もう三〇〇メートルは登ったであろうか。早く休憩しないかと前を見ても休憩しそうにない。すぐ前の仲間の足がふらつくのを見ると、誰も一様に苦しさをこらえて頑張っているのだ。遥か前方に大きな岩が見え、そこで休めば吹雪が避けられるのになぁ……、と期待しながらついて行くものの、そこになかなか到達しなかった。目の前がなんと遠いことか。吹雪は一層強くなった。

ようやく岩陰に到着。おおい被さるように突き出した岩の裏側には、暖簾状にツララが下がっており、それをなぎ倒すようにして除き、倒れ込むように座り込んだ。こんな苦痛に耐えてまで、と小休憩ごとに思うことしきりだった。二〇分ほど休んでも風雪はおさまらなかった。

吹雪のおさまるのを期待して隊は出発した。三時間も登っているのにまだ高度五二〇〇メートル。苦しんだ割にはほとんど登っていない。この辺は旧雪もあり、そのうえにかぶさる新雪で足元が滑りがちだ。一歩一歩に一層の力を入れないと危険だった。「あれはアイゼンの世界だ」と登山前仲間の言ったことを思い出す。だが我々は防寒具だけ、特に私の場合は運動靴。相変わらず全身で苦しい忍耐力との葛藤が続いていた。「四五万円もかけたのだ、何が何でも登頂するまで諦めないぞ!」「不便なこのアフリカくんだりまでそう何回も来られるものではない。女性だって頑張っているのだ。まだ体力はあるはずだ。とにかく前の仲間につづかなければ。腹式呼吸、腹式呼吸!」と自分に言い聞かせながら一歩一歩力を入れて踏み込んだ。だが、進む足元はふらつき、滑り、歩行も止まりがちな状態がつづいた。

ブリザードに近い雪嵐は止みそうにもなかった。ただただ夢遊病者のようについて行くだけだった。突然、グループ・リーダーの「登頂やめましょう!」との伝令が前の仲間から伝わった。その瞬間に意識を取り戻した。「ああこれまでか！」とガクンときた。ほっとしたのかペッタンと尻餅をついた。

のちにその時の状況を聞かされたが、先頭のガイドは雪嵐の激しさに、早くギルマンズ・ポイント（五六八五メートル）まで案内しなければと思い、ジグザグ行進を直登に変えて進み始めたそうだ。だが素人の我々の体力が限界に来ていることを察し、直登は不可能と判断したようだ。確かに皆体力は消耗し、もうフラフラの仲間もいたようだった。滑ったら最後、転落しそうな状態だったとか。八甲田山の二の舞になると思った人もいたそうだ。日本なら待機のケースだろうが、軽装備ゆえ、この雪嵐の中でジッと耐えることはできそうもなかった。

下りはただ滑らないように真っすぐに一歩一歩スピードに乗って下りるのみ。キュッ、キュッ、キュッ、ザック、ザック、ザックとこれも無我夢中で足が自然に運ばれた。ただ、動悸や吐気や頭痛の苦しさはない。途中仲間一人が倒れた。安心して気力が失せたのだろう。ガイドに背負われて下りた。ヤッケや手袋は凍りついてバリバリであった。午前七時前キボハットの山小屋に辿り着いた。女性の前髪に凍りついた数本のツララが印象的であった。登る時は地肌を見せていた小屋周辺も今は数十センチの積雪。我々が遭遇した雪嵐は当然だったろう。自然の猛威に登頂を妨げられたことで諦めがついた。

登頂した時日本から持ってきた凧を記念に揚げる予定だった。吹雪の中、山小屋の外で仲間に手伝ってもらって飛ばした。垂直に近い状態で勢いよく揚がった凧は、糸が引きちぎれんばかりであった。キリマンジャロ登頂への大願成就を込めた奴凧は私の切なる思いをなびかせて、強風に煽られてタンザニアの空に飛び去った。山頂での凧揚げは幻と消えたが、その時吹雪に消えた凧の飛び先は私の気持ちのたなびいたところ。頂上から四〇〇メートル下でついえ去った私の願いをしっかりと乗せて飛んでいった。

（律昭／タンザニア／一九八八年）

## カイロの哀れな一兵卒

その軍事博物館はカイロ郊外の大きな丘の上にあった。若い兵士たちが重責を顔面に表してそこここに立っている。切符を購入したことから知り合い、ここに案内してくれた旅行会社のフセインが陽気に言った。

「私はこのベースでトレーニングを受けたんだ。今は軍隊に定期的に結構なお金を寄付しているから顔が利く。だから貴女をこの博物館に案内できるんだ！」

実際に我々は敷地の中で将軍と出くわし、フセインと将軍は再会を喜んで抱擁していた。そのあとフセインはいい気分となり、すっかりくつろいでしまった。

巨大な武器展示場はひっきりなしに小中学生が見学に訪れる国家の重要施設のようだ。驚いたことにフセインは展示された武器の前で禁則を犯してタバコを吸った。若い兵卒が注意したがフセインは喫煙をやめない。そればかりか彼は若い兵卒に自分が偉い人物だと宣うた。

「俺は将軍の親友だ。オレをとがめるならオマエは刑務所行きだぞ」

若い兵卒は屈しなかった。フセインは頑固だった。二人は口論のあげく摑み合いとなり、私は二人をなだめようとしたが無駄だった。将軍が呼ばれた。

公式引見場とおぼしき大ホールには関係者が陣取っていた。将軍、私、フセインがホールの片方の椅子に座り、副官たちがホールの他方に座った。ほどなくあの若い兵卒が上官に付き添われて駆け入り、ホールの中央で止まり、きびきびと将軍に敬礼し、速やかにホールを去った。二人があまりにもすばやく入室し、退去したので私にはその光景が実際に起こったことなのか記憶も朧な気がしたが、その兵士の若い顔が青白く、にもかかわらず、この上もなく凛として意気軒昂だったことをはっきりと覚えている。一方、将軍の表情は非常に固く、いかなる感情をも示していなかった。

将軍は私に微笑んで訊ねた。

「アヤ、紅茶とトルコ・コーヒーとどちらが好きですか」

「トルコ・コーヒーのほうが好きです」と私。将軍は兵士がどうなるか一言も話さなかったがフセインは隣の席で囁いた。

「将軍はあの兵士が有罪で五日間刑務所に入ると言ったよ」

まあ、なんてこと、哀れな兵卒さん、と心中穏やかではなかった。将軍は私に微笑んで質問し続けた。

「アヤ、この国が好きですか」とか「この国へ来た理由は何ですか」とか。多分将軍は遥かな国からの訪問客が不快な事件に巻き込まれて気の毒に思ったのだろう。

将軍の質問に答えながら私は忙しく兵卒の運命について心の葛藤を続けていた。若い兵卒は明らかに無罪だ。正義の判決を期待してよいのだろうか。何か私にできることはないだろうか。あるとしたら今すぐ実行しなければ……でもどうやって？　これは歯が立ちそうもない男の城だし、私の英語の情けなさときたら……心臓は早鐘を打ち始めた。

長い柄のついた小さな玉杓子か柄杓のような器具に入ったコーヒーがもたらされた。二人の兵士がついでくれたそのコーヒーのなんと美味しかったことか。だが私の心には苦かった。哀れな兵卒は五日間の重営倉判決を受けようとしている。どうしてなの？　どうして私が将軍のもてなしを心から楽しんでなんていられよう？　このコーヒーを飲み終える前に何かしなければ！

突然ある考えが浮かんだ。私は旅の記録用の小さな日記帳を取り出し、フセインに気づかれないよう注意しながら書き始めた。フセインはすぐ隣の席に座っているので至難の業だった。

親愛なる将軍さま

失礼な手紙をお許しください。私はこの手紙をこっそりすばやく書かねばならないのです。差し出がましいようですがどうかあの若い兵士さんを刑務所に入れないでください。私は見ていましたがあの兵士さんのほうが正しいのです。彼は任務に忠実にお国の貴重な財産を守ったのです。ゲストがどれだけ権力を持っていると思えても屈服しませんでした。むしろ貴方は良い兵士を持って幸せだ、と思われるべきです。彼を刑務所に入れるよりむしろ賞賛してほしく思います。

ご一緒の時間はとても楽しかったです。歓待を心から感謝いたします。

それではお元気で

心をこめて

Aya

私はその頁をちぎり、小さく畳んで右の手のひらに握った。だがいつ、どうやってそれを将軍に渡せるだろう？　フセインはいつも一緒だ。すぐに別れの時が来てしまった。

チャンスは全くなかった。その紙切れをどうやって将軍に渡すか決定する前に握手をしなければならなかった。フセインが常に見ていた。手紙はまだ手にあった。

握手が終わった。将軍と副官たちは去り行く客に微笑んでいる。フセインと私は一〇メートルほども離れた。その時、ひらめいた。

私は将軍のところへ戻った。折り畳んだ紙切れの入った自分の手を将軍の大きな手のひらに乗せ、すばやく開き、握手をした。やった！

手紙を持ってまんまと握手をしたのだ。運よく誰もそのことに気づかなかった。将軍のところへ戻り二度握手をするなんてちょっとおかしかった。でも彼らはきっと私が別れ難さに戻ったと想像しただろう、と心底願った。

その後その兵卒がどうなったか私は知らない。知る由もない。だが時折私は将軍の手の温かみを思い出す。二つの手のひらは、任務に忠実な若いエジプト兵卒への、外国の一女性の愛情で満たされた小さな紙切れで隔たれていたけれど。

（彩子／エジプト／二〇〇〇年）

## やりて女の捨て台詞　――「サティスファイド（ご満足）？」

これはヴェネズエラの州都の一つであるシウダー・ボリーバルでのある女の捨て台詞だ。

この国には観光客を呼び寄せる世界一落差の大きい滝、エンジェル・フォールがある。まず基点のある村カナイマまで飛行機で行き、現地ツアーに参加しなければならない。ジャングルの奥地ゆえ、セスナ機遊覧観光もあるが、魅力的なのは雨期のボートでの遡行だ。川を幾つもの支流へと遡《さかのぼ》って辿り着く。コナン・ドイルに紹介された『The Lost World』の世界だ。それには現地カナイマで申し込むこともできるが、事前に他の街で予約したほうが安全だとガイドブックにあったので、シウダー・ボリーバルに着いた翌日予約を試みた。

市内のローカル空港でカナイマまでの飛行機のチケットは確保したがボートで遡行する予約は空港ではできず、ホテルのレセプション横に座っていた旅行社支社の人に尋ねた。予約は可能で「その日のうちにバウチャー（領収書綴り）が届く」とにこやかだった。

　ホテルのまん前には泥の大河がとうとうと流れ、二階から突き出たバルコニーで食事を摂れば河と並木の雄大な背景に行き交う人々の長閑《のどか》な表情が独特の情景を醸《かも》して飽きさせず、またホテル代も安く、満足であった。午後は夫婦で散髪屋に入ったり、ヴェネズエラ・ミュージックのカセットを買ったり、川沿いの散歩を楽しんだりし、夕方ともなれば部屋からの夜景がまた異国情調を盛り上げ、なんと好運なホテル選びだったことよ、と幸せを意識した日であった。夜までにバウチャーが届いていさえしたならば！

　あせった。何も届いていなかったのだ。予約を担当したのは可愛らしい女性。その人は「本日四時四〇分にはバウチャーは届く。届かなくても自分は七時までいるから相談にのることができる」と安心させていた。だが五時すぎにはその人はいなくなってしまうし、バウチャーも届いていなかった。

　疑念が湧き、雲のように膨らんでいった。旅行社本社に電話すると、顔にケンのある女がやってきた。翌朝は八時発の飛行機に搭乗するのだが、支払い済みを証明するバウチャーは「七時半にこのホテルに届く」とこの女は言う。「それを持っていれば到着空港カナイマに出迎えが来る」とも。いくら田舎の空港とはいえ、このホテルで七時半に受け取ってタクシーを拾い、空港に行き、出航手続きをすれば八時搭乗に間に合うわけがない、と考えるのは常識ではなかろうか。空港までの時間や出航手続きの流れを想定すると飛行機に乗り遅れる不安は当然であった。

我々が「空港に自力で行って搭乗手続きをしながら待つから、そこにバウチャーを届けてほしい」と要望しても彼女はウンと言わない。「ホテルで七時半にバウチャーを受け取って十分に間に合うから心配するな」の一点張り。手続きを任されたこの女性は「空港まで五分」と言うのだが、朝だから通勤で混むのではないか。現にこの中心部のホテルに来るのに結構道路は混んでいた。だが最大の不安は果たして七時半にバウチャーが届くかどうかだ。もし遅れれば購入済みのカナイマまでの飛行機代もエンジェル・フォールの遡行観光二泊三日分の代金も失い、日程の損失も埋めがたい。疑惑と不安が脳裡に渦巻いた。最初の人が信頼を裏切ったのだから当然であった。気が気でなくジッとしてはいられない気分になった。

彼女は口答で「私を信用しろ、前の女の子と違ってこの会社に働いて四年のキャリアがある。長く勤めていることは信用の証明である」と言うのだが、彼女を信じたくてもバウチャーを持ってくるのは彼女ではない。相手のあることだし、交通事情もある。不安はぬぐえず、夫婦で知恵を絞り、彼女に一筆書いてもらうことにした。「もし飛行機に乗り遅れたらその代金を弁償する」と。

ところが、である。彼女が書いたのは、

「絶対に乗り遅れることはありません」

の一言。それでは今までの言い合いと何ひとつ変わらないではないか。そこでこちらから弁償を前提とした文章に書き替えて差し出すことにした。妻が、「飛行機に乗り遅れた場合には私が飛行機代を弁償します」の一文をノートに書きサインを迫った。

「これでは私が代金を支払うことになる」とさすがに彼女は顔を引き攣《っ》らせた。

「そうです。そのための証拠書類ですぞ！」と夫婦で合唱した。

一瞬の躊躇はあったがやがて彼女はそれにサインした。そして、

「サティスファイド!?（さぞご満足だろうね！）」の捨て台詞を残して夜の街に去った。

察するに書類でないと信用できない我々に憤慨しての発言だった。超先進国では口約束はその場限りのことであって、万一、事態が変わっても責任はない。幸か不幸かヴェネズエラではまだ書類より口約束で相手を信頼させることができるのだろう。それで物事がスムーズに運ばれているのであろう。日本人もプライドを傷つけられるとよくこんなふうになる。不安になって事前に確認を取ると嫌がられ、あとの祭りは避けたくとも他人の言に疑念を挟むと人間関係が破壊されかねない。そんな風習の中で「サインしてくれ」とこんな書類を差し出され、契約を迫られたなら腹が立つのは当然であったのだろう。

翌朝、彼女はホテルに七時半の約束のところ七時一五分にやってきた。座って待っていた我々の前を通っても挨拶もしないばかりか完全無視。ご機嫌斜めがありありだ。バウチャーを持った男は七時二五分に到着、そこで我々を促して空港へ運転してくれた。空港へは約一〇分で着いた。手続きは全部彼女がしてくれて我々をレストランに案内し、「ここで待っていれば空港担当者が搭乗案内に来る」と言い残してさっさと歩み去った。数人の知人に大げさに手を振って。その背中にはグッチのリュック・サックが光っていた。

妻が書いたあの書類と彼女のサインがなくても我々は間に合っていたかもしれないし、あれが効いて彼らは早く来たのかもしれない。確かなことは我々が彼女のプライドを傷つけたということだ。我々は前例のない体験をさせた客であったかもしれぬ。先進国の常識と察しはつかず、日本人は疑い深いと思ったことだろう。むかつかせた客は二度と見たくなかったであろう。だが彼女も彼女の会社も今後の問題解決への糸口をつかんだはずだ。旅行客は飛行機に遅れるわけにはいかず、念を押す気持ちを理解しなければビジネスは難しいことを学んだであろう。

空港を去る時に彼女がサインした書類の取り戻し請求をしたのはもちろんである。妻のノートの一ページは彼女にとってももはや無用ながら、意思に反して書かされた屈辱の署名を消し去りたかったに違いない。

（律昭／ヴェネズエラ／二〇〇一年）

## 鴨おばさんの地球サバイバル

私は旅が好きだ。とりわけ途上国を好んで旅をしてきた。貧しい国でなお優しさを失わず生きる人々との交流や、貧しい人々から受ける心のこもった親切は、宝石や洋服を買う代わりに出かける私の短い旅で、私に与えられる見えざる宝石。国は変わろうとも人の心は一つ、愛には愛が、信頼には信頼が返ってくる。これが私のフィロソフィー。ところが、信頼に対して騙しをもってこたえるしか生きていく術のない気の毒な人々がいる。舞台はタイ、パキスタン、エジプトと、不思議に共通点のある騙しのテクニック、恥を忍んでご披露しよう。

### 【その1】濁流ど真ん中で船を揺さぶり「一〇〇〇バーツ！」

午後のバンコック。私は「暁の寺」を見たいと船着場を探した。王宮側からはチャオプラヤ河を渡らねばならない。とある商店で地図を見せて尋ねかけたが英語が通じない。その時高校生ぐらいの青年が走ってきて「私が連れていってあげましょう」と言った。彼は途中、寺院を見つけるたび「ちょっと待ってください」と深い祈りを捧げてはまた歩く。敬虔な仏教徒のようだ。

船着場ではこれまた英語の話せない船頭に値段を交渉してくれて「往復一〇〇バーツ（当時三〇〇円ぐらい）でどうですか」と聞いた。「ＯＫ」と私。彼はそれで帰ると思ったら「私、日本語を教えてもらいたいからお寺を案内します。将来日本の企業に就職したいのです」と一緒に乗り込んだ。船で彼はチュラロンコン大学一年生のチャイと名乗り、暁の寺では私の写真を撮ってくれたりと、サービスこの上もない。さて元の王宮側に戻るはずの船はなんとチャオプラヤ河の支流へと舳先を変え遡り始めた。「日本の元田中総理大臣が寄付したお寺へ連れていってあげます。ツーリストは誰も行かないお寺で、大勢の僧侶の訓練が見られますよ」とサービス精神旺盛だ。遡行中も青年は写真を撮ってくれ、通過する岸辺の寺院には深い祈りを捧げる。

貸切船の快適さ。「往きはよいよい、帰りは？」などとはつゆ疑わない私。

田中寺の僧侶の訓練には胸を打たれた。青年は紙に包んだ金箔を三枚くれて、「二枚は仏像に貼り付けてお祈りをしなさい。一枚は財布に入れるとグッド・ラックですよ」と言う。私が無造作にバッグに入れたら「財布に入れたら効果があるんです」とこだわったが、私は財布に金箔を貼ることには関心がなかった。

田中寺の近くの食堂で青年は「ちょっと休んでいきましょう」と海鮮丼、ビールやフルーツを頼んだ。「おなかをこわしているからいただきません」と断ると、「ここのものは絶対大丈夫」と少々強引だ。私は本当に下痢をしていたので食べたふりをして配膳台に戻したが、かなりのご馳走であった。

「お礼に写真を撮って送ってあげるわ」と私が言うと、「今日は聖なる日で仏教徒は写真を撮れないのです」と青年は言った。「じゃあこの食堂のおばあちゃんと撮ってちょうだい」と、ここでも私は邪気がなかった。

帰りの船も快適そのものだった。だがチャイは船着場で「一〇〇〇バーツ！（約三〇〇〇円）」と言ったのだ。物価の安いタイにしては高い。

「二〇〇バーツしかないわよ。あなたは往復一〇〇バーツと言ったでしょ？」

「暁の寺と田中寺の前で一時間ずつ待ったからその待ち時間代が入っているそうです」と青年が説明しているうちに船は岸を離れて濁流の真ん中へ。

いつの間にやら夕暮れとなり、辺りに船の影もない。船頭はチャオプラヤ河の真ん中で船を揺さぶり、摑みかからんばかりに興奮して青年に現地語でわめいている。

「払えない客を連れてきてどうしてくれるんだ!!」と言っているようだ。彼はおびえた表情で船頭に詫びつつ自分の時計を手渡し、私に「本当にもう少しお金、ないのですか」と悲しそうな表情で私のバッグを覗き込んだ。私は二二ドルと、その日の持ち歩き分一〇〇〇バーツを見られてしまった。青年は「これを渡しましょう」と小さい二ドルは残して二〇ドルと一〇〇〇バーツを船頭に。

「ああ、ホテルに帰るお金がないわ」と私が泣きそうな顔をしたら、船頭が一〇〇バーツ返してくれた。

陸に上がった途端青年は横っ飛びに消え、突然にすべてを悟ったおばさんが、ぽかんとそこに立っていた。睡眠薬入りのご馳走に舌つづみを打ち、泥の川のただ中にプッカプカしていたかもしれぬ、察しの悪いおばさんが。

**【その2】シャリマールの老人**

パキスタンはラホール市の東方五キロに、かつてシャー・ジャハン帝により王族の保養地として造られたペルシャ式の庭園がある。噴水や建造物は大理石造り、その噴水の数は四〇〇に及ぶという豪華なものだ。ぶらぶら歩きを楽しんでいた私に一人の老人が話しかけてきた。庭園の管理人に見える小ざっぱりした身なりだ。

彼はニコニコしてこの庭園の歴史を説明しはじめた。すでに知っている知識を超えるものではないが大して害になるわけじゃなし、ちょっと聞いてあげてそのうち別ればいいや。今まで出会った人懐っこい人々と同様自分の記念写真が欲しいぐらいのものだろう、と私は軽い気持ちでしばらくつきあうことにした。

さあ、もう公園を出る、という時、老人は「まあ、ちょっと芝生に座ってください。紅茶をごちそうしたいから」と先にドッカと座ってしまった。「もう行かなくちゃ」という私を「すぐだから」と手で押しとどめ、老人はそのへんにいた子どもに二、三ルピー渡して何か命じた。「まあ、もうちょっとつきあってあげるか」と私も座った。やがての頃、子どもは広い庭園の遥かかなたから、中味をこぼしながらカップを二つ運んできた。とまどうほど汚いカップだが結構熱い。「えい、やむを得ぬ」と私は口を付けた。味はなかなか良い。

老人は「あなたを自宅へ招きたい」と言う。「いや、私はこれからパキスタンの民族衣装を買って、そのあとも行くところがありますよ。布地だけ「娘は日本人が大好きだし、裁縫が得意だから二時間で縫ってあげます」すると、この辺で買いなさい。値切ってあげますから」

次第にその気になる私。話に乗ってあげないと悪いような気がしてくるのだ。「まあ、その時々で安全かどうかの判断がつけば大丈夫さ、悪い人には見えないし」などと考えていると老人はすかさず立ち上がった。

近くの路地の布地屋で彼はトコトン値切ってくれた。店の主人が怒って「買ってもらわなくてもいい！」と品物を投げつけたほどだった。次の瞬間もうミゼットを拾っている老人。ベルト・コンベアーに乗せられたように横に座っている私。

「なあに、自分さえしっかりしていればどこに行ったって騙されはしないさ……」

憶え切れないゴミゴミした小さな路を何度も曲がってとある小ぎれいな家に着いた。品のよい娘さんがいて、中学生ぐらいの孫がおいしい紅茶をいれ、家の中の案内もしてくれ、やがて本題の縫い物の話へ。

娘さんは本当に困った顔をして、「今日私、忙しくて縫ってあげられないの」と言う。老人が話を引き取って、

「近所の人に大至急頼んであげますよ。でも縫い賃一五〇ルピー（当時六〇〇円ぐらい）いりますがいいですか」

私は、「いいでしょう。あなたは布地をずいぶん値切ってくれたんですから」。

老人の娘は私の採寸をし、自分の色々なドレスを型見本に見せてくれた。次々と手を通してみる私。日本でこんなシャルワール・カミスを着て現れたら友達がどんな顔をするかな、とわくわくして。老人は、「でき上がったらあなたのホテルに届けます」と言う。こんどは私が誠意を見せる番だ。

「今日私はホテルにいませんから縫い賃とミゼット代往復分渡しておきますね」と頼

まれもしないのに三〇ルピーを追加した私。

商談が終わって私は「皆さんの写真を撮ってあげましょう」と申し出た。大勢の素朴な人々が一枚の写真を送ってほしくて親切にしてくれたので慣れていた。が、「忙しいから」と断られた。そう忙しそうにも見えないのに。一、二秒で撮ることもできたが、私はそうしなかった。いささかたりともこの親切な人々を傷つけたくはなかったからだ。

老人はシャリマール・ガーデン――（多分彼の仕事場だろう）――まで私を送り、「もう三〇ルピーで素敵なスカーフをつけましょう」ともちかけた。「そのスカーフでパキスタン衣装の貴女はなんて魅力的に見えるでしょう」と。私は三〇ルピーを渡した。


老人はホテルに現れなかった。レセプショニストの呆れ顔と「あなたに何をしてあげられるでしょう？」という言葉でやっと自分の愚かさに気づいた私。

彼が騙した……始めはその気だったかもしれない……というより自分がすすんで騙されたのだった。悲しかったが老人を責める気にはならなかった。

「自分が安全かどうかその時々で判断がつけば大丈夫、って誰が言いましたっけ？」

「判断の基準はいったい何だったの？」

「なぜ早くさよならしなかったの？」

日本人は相手に誠意を示したいときしばしば先払いをする。届け賃まで先に払うことも稀ではない。がここは旅先だ。考えれば品物を受け取った時に代金を払うのが常識というものだった。彼は演技をしてちょっと高めの縫い賃が欲しかっただけかもしれない。布とお金が手に入った以上、なんの仕事がいるだろう。

外国を一人で歩けばさまざまな出会い、さまざまな誘いがある。型見本を試着しつつ、驚く友だちの顔を楽しみにしてニカニカしていたおめでたさ。「人を見る眼がなければ誘いに乗ってはならない」といつも思いつつ、そのうち断ったら悪いような気になり、「騙されなきゃいいんでしょ」と自分に言い聞かせ、「何が起こるか確かめてみよう」となってしまう。そして、つきあってあげているつもりがいつの間にか相手のペースに嵌《は》まって……。

シャリマールの老人にはいっぱい食わされたが、シャリマール庭園の豪華な風景が与えてくれた感動をそのまま持って帰りたかった私に後悔の念はない。また今日も、誰かが微笑み、誘いかけると笑顔を返してついていく。

## 【その3】砂漠のただ中で「バクシーシュ（喜捨）くれなきゃ置いて帰るぞ！」

カイロ国際空港に降り立ち外に出た。なんという車の洪水、なんと荒っぽい運転！　だが事故はあまり見かけないな、と思っているうちにホテルに着いた。リュックを部屋に運んでくれたボーイが「僕のうちはギザにあります。今日の午後はオフですので、私といっしょにピラミッドやスフィンクスを見にギザに行きませんか。カイロの街には悪い人がいっぱいいますよ。あなたが出て行ったらめちゃくちゃにお金をふんだくられますよ。私と一緒にいらっしゃい」

ボーイはピラミッドの前で外国人たちと一緒に写っている写真を数枚見せてくれた。それでも私は「気をつけなきゃあ」と一人で出かけることにした。本当に親切な人かもしれないけど、親切な人には要注意！　と自分を戒めて。

天気は最高。私はまずは有名なエジプト博物館を見ようと思った。二人に道を聞いたが彼らはただ微笑んでいるだけだった。だが三人目は違った。上手な英語で道を教えてくれ、私に尋ねた。

「いつ着いたの」

「たった今」と私。

「じゃ先にギザに行ったほうがいいよ。こんないい天気だからね。風もないし、空は青いし。僕イーハブ、法科の大学生でうちはギザのピラミッドのそばにある。今帰るところだから、よかったらピラミッド全部を案内してあげるよ。君が一人でタクシーに乗ったらめちゃくちゃ取られるよ。エジプトの運ちゃんは外国人からはすごくぼるんだよ。カイロじゃ女ひとりでタクシーに乗るのは考え物だよ。言いたくないけどここには悪い奴が多すぎるんだ」

イーハブもホテルのボーイと同じことを言った。が、彼はいかにも信頼できそうで今度は私はエイヤッと賭けてみることにした。人を見る眼には自信があった。イーハブはすぐにタクシーを拾い、二人の車はピラミッド通りをギザへ向かった。ところが突然ピラミッドが見えなくなった。どこで車が曲がったのだろう。車から降りると駱駝《らくだ》数頭と男が二、三人立っていた。おかしい。ピラミッドはどこへ消えたのか。

そこはピラミッドの裏側のようだった。イーハブは駱駝屋の客引きだったのだ。イーハブの兄が現れた。兄は駱駝でピラミッドに行くことを勧めた。

「ピラミッドはどこなの？」と私。

「これから駱駝で案内しますよ。ピラミッドを見てサッカラまで半日乗って五〇ドル。安いものでしょう」と彼はエジプト・ポンドより米ドルを欲しがった。

「いいえ、自分で歩いて行くわ」

「歩いて行けるわけないよ。ここは砂漠だよ」と私を脅す口ぶり。

「タクシーを拾って表側に行くわよ」と、私はピラミッドの正面に行くことを考えたが気が変わった。砂漠をラクダで渡るなんてちょっといいじゃない？

「五〇ドルは高すぎるわ。一〇ドルにしてください」

彼はだめだと言ったが、私がカイロへ帰るふりをしたら一〇ドルを承知した。


ここの駱駝は一瘤駱駝だ。足は鐙《あぶみ》に届かない。だが値切った私に男たちはそっけなく、私は子馬に乗った駱駝引きの少年と出発した。空は抜けるような瑠璃色だ。小山の折り重なる砂漠の右手かなたに三大ピラミッドが見える。駱駝の背から滑り落ちそうになることさえ除けば何たるロマンであることか。

砂漠の旅に酔いしれていると、なぜか少年は前方のラクダの列を離れ砂漠の真ん中に向かい始めた。一七歳だと言うが、私が女だから特別サービスか。エーゲ海の水の色のような紺碧の空の下、見渡すかぎり砂山ばかり、いよいよもって映画のヒロインだ、と感極まっていると、突然、

「アー・ユー・ハッピー？」

「イエース」と私はいぶかった。

少年は、「それなら米ドルでバクシーシュおくれ」。

私は「ソーリー・アイ・ハブ・リトル・マニー」。

すると少年は、「くれなきゃあんたを置いて帰るぞ」と、突如事態が緊迫した。

暑い砂漠で冷たい汗が流れた。皮ジャンパーを着て何もかも身につけている一人旅だ。だが気迫一つを友として、私は小銭を渡し、威嚇した。少年は元へ戻り始めたが来る時とは打って変わった膨れ面で自分の馬に鞭をあて、砂山の斜面を平気で飛ばした。バッグと革ジャンなびかせ、足は届かず、すべり落ちそうになりながら汗みどろで一瘤駱駝のつるつる滑る瘤にしがみつく私。生きた心地もなかった。

さて、以上がネギなし鴨おばさんの騙され旅の記である。陸に上がって（私は泳げない）、平地にもどって、あるいはホテルで改めてゾーッとしたけれど、思えば彼らも結構頭脳と時間を投入している。ガイド付き貸し切り船でお寺を二つ見せてもらって、ご馳走を提供され……命拾いのお代として六〇〇〇円は高くない、と思ったら虚ろな笑いに生気が戻った。砂漠では我がほう被害なし。それにしてもタイ、パキスタン、エジプトと彼らが相談できるわけもないのに懸命に考えた方法は結局同じ手口になるようだ。つまり――、

① 大学生と名乗る。法律を学んでいるとか……
② 写真を撮ったり、ご馳走のサービス
③ こちらが写真を撮ってあげるというと理由をつけて断る
④ 親子、兄弟、友人で組んでの仕事

［教訓］
① 水の上など逃げられないところへ一人で行かない
② 大金はホテルに置くか肌につける
③ 英語や日本語で話しかけてくる人に要注意
（途上国では多くの人は地方語しか話さない）
④ 道を聞く時は相手を選ぶこと

以上、騙されてばかりの鴨おばさんだが、数々のサバイバルを経験した今なお、善意で人を見ることができるのは人間と地球への愛が失せていないからである。

（彩子／タイ、パキスタン、エジプト／一九九〇年）

# 七一歳高地を目指す

## 大空に手が届いたワイナピチュ

初めてペルーの空中都市マチュピチュに来たのは二〇年も前のこと。あの時は日本からのツアーで自由時間が少なかったが、今回は二度目で個人旅行だ。遺跡の一部は復元されてきれいになっており、団体客が多く、英語とスペイン語、時には別の言語でもガイドの説明が聞かれるところ、さすがは世界の観光地である。首都リマの空港内にある旅行社、インカ・ワシで購入したクスコ、マチュピチュをセットにした観光のバウチャー（領収書綴り）も、ちゃんとガイド込みであったのには驚いた。だが列車、ホテルなど合意して決めたもの以外は自由に時間を選べたのでマチュピチュの前に聳《そび》え立つ絶壁のワイナピチュに登ることを決断した。

マチュピチュの高度は二四〇〇メートル、ワイナピチュはそれより高く、マチュピチュからの高度差は三〇〇メートルである。マチュピチュから望めば断崖絶壁のような山だ。ワイナピチュにはマチュピチュから登る。入口で登山登録をし、下山して再び名前を記載する。ワイナピチュ山頂の大石のあるところまでは往復二時間の行程とガイドブックには記されていた。急勾配で階段式に作られた道が七〇パーセントはあっただろうか。場所によっては側面に綱や鎖の手すりが備え付けられていた。四つん這いで登るような山だが綱に摑まって登らなければ足を踏み外しそうで安全が保証されていなかった。結構きつい登りの連続、頂上に近づくにつれて鼻が当たりそうな急傾斜の直線状の階段になり、下りが思いやられるほど急だった。更に頂上付近では岩の切れ目に足を引っ掛けて這い上がるしかなかった。約三〇分強でほとんど休まずに登った。

山頂の大石の上で見下ろすパノマラ風景は満足感を増幅させてくれた。雲の流れのまにまにマチュピチュの遺跡全景が見られ、高度を改めて感じた。この大石の上で上半身裸になり、流れる大汗に征服感を味わい、大空に手が届いた気分であった。ちょうど七一歳の誕生日、マチュピチュ二回目の訪問で誕生日記念のワイナピチュ登頂を試み、成功したことが嬉しい。韋駄天登山で他の登山者をほとんど追い越したのだからまだまだ元気だと思った。自分への誕生日の良い贈り物になったことを天に向かって感謝した。頂点に立つことは素晴らしいことだ、と実感した。

下山時に、ニューヨークから来たという日本の駐在員に出会った。「貴方でしたか。お若いですね」と賞賛してくれ、自らを叱咤しながら登っていった。入口で入山名簿の年齢を見たのだろう。人生の節目、節目に行動を起こすことは自分の歴史をつなげていく上においても意義があり、貴重な体験であった。

## 現代のインカ訪問――ティティカカ湖に浮かぶ原住民の島

ペルーのプノーから一泊三食付きでティティカカ湖に浮かぶ原住民の島、ウロス、タキーレ、アマンタニ島へ出かけた。料金は二〇ドル。ティティカカ湖は琵琶湖の一二倍。海抜三六二〇メートルの湖上で好天ながら風を切って進む船の上は寒い。気温は二七度、紫外線が強いので皮膚の焼けるのを感じた。湖の周辺には陸が霞み、紺碧の空に濃緑の湖が見事に調和していた。

最初に着いたウロス島は噂に聞く葦（トトラ）の根を基盤に、葦の茎を積み重ねてできている浮島だ。そこでの原住民の生活を観光名所としている。子どもたちは裸足。おばさんたちが衣類やモービルなどの手工芸品を並べて商売している。葦の上に建てられた住居には台所用の鍋もあり、火も燃やすようだ。衣類は天井からぶら下がっている。家具は葦で編んだ椅子や長椅子だけ。葦の地面は古くなると水に沈むので新しい葦を上に上にと重ねて行くのだが、凹部では足が沈み靴に水が入って驚いたりする。高度のためこの浮島の地面（？）を歩くだけで息づかいが荒くなる。観光用の葦の船は十数人乗せてスイスイ進む。大変安定感があった。

ウロス島の次にアマンタニ島に向かった。そこで一泊するのだ。船は直射日光を浴び、群生した葦を両側に分断しつつ進んだ。気温三六度ながら暑くは感じない。単調に響くエンジンの音。沖に出るにしたがって水は濃い青緑色に変わる。船尾でも顔をなでる風は冷たい。乗船客は二三名、南米系とヨーロッパ系がほとんどで、アジア系は韓国人らしき女性と私だけだった。

アマンタニ島に着いた。宿の女主人たちが案内のため港に出迎えていた。宿への人数割りはガイド任せで、私は五名のグループに入れられた。下船して宿までの道程は登り詰めで高度三七四〇メートル（富士山ほどの高さ）、気温二九度だったが汗はかかず青息吐息、宿までだけでも一二〇メートルの高度を登るのだ。一気に、とはとてもいかなかった。

宿のライセンスはLicencia Municipal No 093 ANTONIOとあった。夫婦には子ども四人と山羊七匹と鶏がいた。宿には素朴な三個のベッド、裸の電灯はあったが点灯しなかった。トイレは外の離れた場所に洋式のものがあったが、使用後は自分でバケツの水を流すシステムだった。

別棟の台所を見せてもらったが、草屋根で床は土のたたき、一つのかまどで薪を燃やす。鍋、釜、食器類は限られた数しかない。かまどの横に座った主婦が鍋をかき混ぜる。手が届く範囲に物や食品が置いてあるが子どもたちが手伝うので主婦は座りっぱなし。だからずんぐりした体形になってしまうのではないか、と思った。家族はその回りで思い思いの台に座って食事をする。三時前に昼飯が出たが、麺スープにライス、たまねぎと芋の煮込みが付いていた。飲料水は一〇〇メートル離れた小さな谷川まで行き、コンクリート・タンクに貯められたものを汲んでくるのだが、それは子どもたちの仕事だ。

観光客みんなで連れ立って島の頂上にあるテンプル遺跡に登った。更に約二五〇メートル登るので同宿の二名は棄権、若いのに太っていたからだ。周辺は段々畑であった。高地ですぐ呼吸が苦しくなるため休み休み行き、その間ガイドがこの地方や島の歴史などを説明したが、聞き取る気力がなかった。下痢気味な体調も手伝って胸は苦しく、喘ぎあえぎ登るのですぐに休みたくなった。途中の道路際に原住民が風呂敷に広げた民芸品を売っていたが、苦しくて買うどころではなかった。けれども最後の五〇メートルは一気に登った。団体で登る時はたいていそうだがやはり先頭だった。頂上は三九九五メートル、サンセットを観る予定だったが、雲はかかっているし、体調も悪いし、人より先に下山して宿に帰った。

夕食はローソクのもとでジャガイモのスープと揚げ物、アツアツのスープは昼夜共においしかった。夜は村の会場でダンス・パーティーがあるというので行ってみた。ガス灯の下、六人の地元若者のギターや笛、太鼓の伴奏で賑やかに踊っていた。ゲストの我々殆んどが宿から民族衣装を借りて着ており、私も帽子とポンチョを借りた。女性たちはあでやかな衣服だった。私はあまりに黒く焼けていたので原住民と間違えられた。宿の女主人が踊りを誘ってくれ、なんとか踊れたが高地ゆえ動悸はするし、苦しい一時だった。夕立のなか小降りを確かめ、懐中電灯を頼りにもとの坂道を宿に帰ったが、とても貴重な体験だったと思う。三枚重ねの綿毛布は重くて寝苦しかった。

翌朝、女主人が我々観光客を港まで送ってくれた。着いた昨夜は果物をあげたが、港の別れでは一〇ソル（五〇〇円くらい）をお礼に渡した。六〇年以上も前の、子どもの頃の日本の農村を思い出し、タイム・トンネルに入ったような体験であった。

最後に隣の島タキーレに渡った。南側の無人の港から緩やかに石段を上って行き、三七四〇メートルの高地で村の教会がある広場に着いた。ここはまとまった集落だったが、電気はない。泥レンガの家に住み、土に生きる人たち。段々畑を耕作し自給自足の生活だ。民芸品と出稼ぎが唯一の現金収入か。それなりに余裕の見える家は、コンクリートの柱に外壁は漆喰で補強されていてトタン屋根の家も結構あった。

よくこんなところで暮らしているなとしみじみ思った。ここに生まれたのが宿命、奮起しない限り親と同じ生涯を辿ることになるだろう。努力して教育を受けた者がツァー・ガイドなどになって裕福に暮らしているようだ。船着場から目いっぱいの荷物を背負って老いも若きも急勾配の石や土階段を一歩一歩上っていく住民たち。それが人生だ。ここの大方の人たちは一生ここから抜け出すことはないであろう。

## コンドルはもう飛ばない

二〇年前、ペルー南部はマチュピチュの遺跡を見て、四時間ほど離れたクスコへの帰りの列車内のことだった。時は夕暮れ、列車がスイッチ・バックを繰り返し、ジグザグに何度も行ったり来たりしながら山を下りていく車内に「コンドルは飛んでいく」の曲が鳴り響いた。その曲にのってクスコの街の灯りが近づいてくる光景はなんとも旅情をそそるものであった。あの時の哀愁を帯びた笛の音は今でも心に残っている。かつて空中高く聳《そび》え立ったインカ帝国の、繁栄した人々の生活を想像し、今は石垣だけになってしまった過去の栄光に思いを馳せながら聞いたもの悲しい叙情曲。だが今回の訪問では聞くことができなかった。

あの時のあの曲と雰囲気が再びかもし出されるのを何よりも期待してこの急斜面のスイッチ・バック列車に乗ったのだった。今回は妻も一緒の旅、彼女の反応も楽しみだった。だが最後まで曲はかからず、味気ないことこのうえもなかった。それもそのはず、車内にチラシが配られ、「一つ手前の駅でバスに乗り換えればクスコに一時間早く着く！」「五ドルだけ支払えばよい」などと車掌が勧誘した。客はそそくさと列車を降り、三台のバスは乗り換え客でいっぱいになった。スイッチ・バックで一時間もモタモタする列車より効率に魅力があったのだろう。

昨今は観光の効率化が追求される時代だ。会社側はバス代金が余分に儲かるし、客は早く着いて喜ぶし、魚心水心なのだろう。客が減ったためなのか、期待していた「コンドルは飛んでいく」の曲は列車で流されなかった。列車がスイッチ・バックしながら下るにつれ街の灯りが近づいてくる情景は、哀愁を誘う「コンドルは飛んでいく」の曲と相俟って脳裡に深く刻まれることであろう。家族との再会を心待ちする人々や、異国情調を満喫したい旅人いずれにとっても。

旅情を誘う音楽と近づく街の灯りの相乗効果で心に余韻が残る、かつての演出を知っていた私だけに心待ちし、その分落胆が大きかった。ビジネスも大事だろうが、空中都市への旅の最後を締めくくるにふさわしい心憎い演出を復活してほしいと心から願ったことだった。

（律昭／ペルー／二〇〇三年）

## カラファテの氷河に魅せられて

### カラファテの氷河

アルゼンチン南端のここカラファテの氷河は規模も美しさも並外れており、ついに夫婦でやってきてしまった。夫は昨年ここ、カラファテまで来て、背中の疼痛のため挫折した氷河歩きだ。夢の実現に向けて今年は元気いっぱい、私は、といえば、一昨日来激しい腹痛と下痢に悩まされ、薬を飲んでの出発。ここまで来て昨年の夫の二の舞を演じるわけにはいかない。ごみ一つ落ちていない乳碧色の湖を渡る船は氷河すれすれに止まる。乗客がみな船の片方に来て身を乗り出して歓声を上げるので船が傾き転覆するのでは、と心配になったほどだ。そのうち船は押し出された氷河の左端と接する岸に着いた。出発だ。参加者約一五名のグループはここの避難小屋に持参の弁当を置き、いよいよ氷河へ。トイレはここまでしかない。

### 氷河の歩き方

美しい氷河が押し出され、目の前に青い山脈のように盛り上がっている。さあ、これから急な斜面を登っていくのだ。覚悟は良いか、斜面は急だぞ、滑るぞ、アイス・ホールがたくさんあるぞ、滑ったら一巻の終わりだぞ。

氷山を登る前にガイドたちは客のサイズに合わせてアイゼンを選び、靴に装着してくれた。その次は氷河の歩き方の指導だ。アイゼンのサイドや一部を使わず、水平に力をかけること。体のバランスを失ったら危険だからだ。背骨を伸ばし、脛だけ曲げ、左右の足を開いて小股で歩く。左右の足が引っ掛かっても危険だ。さあ、出発だ。私たち夫婦は一番に氷河へ飛び出した。ここの氷河に魅せられて世界各地から集まった老若男女が続いた。

## 氷山で下痢がピタリと

歩き方の注意を守り、用心深く進んでいたら次第に慣れてきた。クレバスなど得意になって飛び越える。私は常にグループの先頭でガイドのすぐ後ろについているのでプレッシャーもなく楽しいことこの上なし。気がつくと腹痛も止まっていた。避難小屋まで続いていた激しい下痢が氷河に入った途端に止まったのだ。

アイス・ホールやクレバスを飛び越えながら「今の、この氷河歩きのために私は生まれてきたのだ！」などと気分が高揚し頬が緩んで止まらない。子どもの頃箪笥から飛び降りたりし、最近ではジョギングで足腰を鍛えておいて良かった、などと過去の行動のすべてが今日の日のために結晶した気分である。アイゼンの丸い金属が足裏を押してきて痛むが、気にならない程度の我慢だ。そのアイゼン付きの靴の重さも満足感を高めるのに役立つのみ。見下ろすと三人ほどが急な斜面の下で氷河登りを諦めて手を振っている。夫は私を撮影するため列の後尾近くからポーズを指示してくれる。

**オン・ザ・氷河ロック**

一時間半ほど昇降を繰り返しながら歩き、終わりに近づいた頃、また山襞《やまひだ》を登り始めた。もう一つ氷山を登るのか、と思った矢先、氷河の山かげにテーブルが一つとウイスキーの壜が見えた。どこからともなくグラスを出して並べ、ガイドが慣れた手つきできれいな氷河を砕いて盆にとり、参加者全員にウイスキー・オン・ザ・氷河ロックを振る舞った。夫はうまそうに飲み干した。「一、二万年前の氷です！」と言いつつ氷山スペシャリストがサービスしてくれたオン・ザ・ロックは過去最高のドリンクであったろう。私は体調が気になり舐めただけだったが、明るい氷河上の開けた一角で、世界各地から集まった人々とカッチンしつつ笑顔を交したドリンク・タイムは言葉に表せない幸せなひとときであった。

## 轟音で崩れ落ちる氷柱の前の弁当

氷山の裾野でアイゼンを返したら、靴は履いているのにもかかわらずスリッパで歩くようだった。避難小屋まで下り、弁当の時間だ。押し出した氷河の前に半島のごとく出っ張った岩場は貸し切りの桟敷。時折轟音を立てて数万年前の氷柱が湖に崩れ落ちる。一〇〇メートルもの高さの氷柱が崩れる音と光景は神秘そのものだ。夫婦で乾杯し、食べた弁当の美味しかったこと。地元のスーパーで調達したカステラとみかんと地ビールだけの弁当だったが、氷河歩きのあとの弁当は過去口にしたすべての弁当に勝る味だった。どこへ行っても土地のビールを賞味する我々だが、この時のビールは思い出の地、思い出のビールの筆頭に位置しよう。氷河焼けで夫の顔は真っ赤だった。

## 氷柱とお兄さんにアディオス！

氷山の下りで何度も手を差し出してくれたガイドのお兄さんは朴訥《ぼくとつ》なネイティヴのアルゼンチン人。「ムーチャス・グラッシアス・ソイ・ハポネサ（どうもありがとう、私日本人です）」と即席のスペイン語でお礼を言って日本から持参の七連の鈴をあげた。「グッド・ラック・ベルよ」と言い添えて。お礼は受け取らないガイドさんたちと聞いていたがこの鈴はとても喜んで白い歯を見せ「グラッシアス！」と。船が岸壁を離れる時その若者が仲間のガイドたちに嬉しそうにその鈴を見せているのが見えた。我が人生最高に笑みがこぼれた日であった。

（彩子／アルゼンチン／一九九九年）

## 氷河でオン・ザ・ロック

またしてもカラファテに来た。アルゼンチンのパタゴニア地方だ。氷河歩きは意地であった。昨年、病気連絡ファックスのため大変な心配をかけた妻も行くというので、今度は二人旅だ。ここの氷河歩きは現地、カラファテの旅行会社が綿密にお膳立てした企画に申し込むだけ。個人では氷河に入れない。

湖上をボートで、赤茶けた岩石の近くに氷河のせり出した岸に渡った。ここに弁当を残しておき、氷河から無事戻った時食べるのだ。森林を抜けるのに二〇分、氷河と陸地の接点に出た。アイゼンを靴に取り付けてもらい、歩き方の指導を受け、氷河トレッキングが始まった。早朝から激しい下痢をしていた妻だが、氷河に入ったらピタっと下痢が止まったという。執念のしからしめるゆえんだろう。氷河は世界中から来た申し込み者、約一五人のグループで、プロのクライマーが先頭と最後尾につき、アイス・ホールを避けつつ誘導して順次登るのだ。隠れ場所も、したがってトイレ休憩もないのだ。もちろんゴミなど落とせない。

登ったり下ったり、視界は狭く上空に青空が見えるだけ。引き込まれそうな碧色のクレバスとアイス・ホールを飛び越えたり、滑り落ちそうになったりしてスリル満点。大小のクレバスは太陽光を吸収して蒼白く、奥底深く、人間を惹き込む様に輝いていた。二〇分ほどして急な登りになった時、落伍グループが出た。見上げる氷河の大きさと険しさに圧倒され、ギブ・アップを決めた人たちだ。落伍者は年齢には無関係だ。七〇歳ぐらいでも登っている人がいるし、私も近い年齢だ。元気いっぱいの妻はほぼ先頭にいるので私は後方から写真を撮ってやることにした。上気した頬で若者のような足取りの妻は世にも幸せな表情でガイドにピッタリ張り付いていた。

周囲は青白く輝く氷柱の林。どちらに向かえば帰れるのかわからない。白と蒼の氷界で迷子になった気分だ。一人なら戸惑い、がむしゃらに歩きまわるだろう。距離にして二〇メートルはあると思える急な登り坂は、アイゼンがあるとはいえ滑落の恐怖にかられる。冒険心が完璧に満たされ、痛快さ極まれる氷上の散策だ。登れど登れど氷の園、他にはなにも見えない。氷の中にいるとはいえ歩いているうちは暖かだ。途中プロの登山家による氷山ロック・クライミングの実演もあった。一〇メートルほどの水直な氷壁を両手にピッケルを持って上下して見せた。まさに命がけのショウ、見ているほうも体が凍った。

帰路となり、「もうそろそろ地上か」と思う頃、先頭が氷の山かげをめぐって上がりだしたので、「や、や、また登るのか」、と覚悟した。なんと氷山のかげにぽつんと木のテーブルが一つ用意されているではないか。その上にウイスキーのボトルが……そこでガイドの登山家が、歩いた人全員に氷河を砕いてオン・ザ・ロックのサービス。なんとも粋な計らいだった。一、二万年前のその昔を想像して味わう氷河ウイスキーなんて、それも氷河のど真ん中……二時間たっぷり楽しんだ氷上の楽園だった。

帰りの船を待つあいだ、せり出した氷河の正面の岩に座り、時々轟音とともに崩れ落ちる氷柱を見ながら、妻と二人で食べた持参のお弁当と一缶ずつのローカル・ビールの味ほど美味だったものは過去に記憶がない。船に乗る直前に妻はお気に入りのガイド（ロック・クライミングの実演をした人）に日本から持参の鈴のキー・ホルダーをプレゼントした。船が岸を離れた時、そのガイドが妻にもらった鈴を嬉しそうに仲間のガイドに見せているのが見えた。「再びここに来ることができたらもっとたくさん鈴をもってきて多くのガイドさんにあげよう」と言う妻の幸せそうな顔。

妻は人生の三大事件の一つにこの氷河歩きを入れるという。一つは五二歳でアメリカに渡り取得した「自動車免許証」。行動がグーンと広がったという。二つ目はこれもアメリカで「還暦で取得した博士号」。死に物狂いの道程に価値があったと。そして三つ目のここ、「カラファテの氷河歩き」は六一歳、ただただ幸福感に満たされたから、と。体調不良を蹴散らし、蒼く美しい氷河を、アイス・ホールに落ちる危険にさらされ、スリルに満たされながら自分の足で努力して登ったことは、望んでもそう簡単には得られない体験だったからに違いない。

昨年、ここカラファテで病気のため三日間延長して泊まった民宿に挨拶に行った。おばちゃんはすぐに思い出してハグ（抱擁）してくれた。言葉は通じないが背中に手をやって「もう大丈夫か」というそぶり。そして遅い昼だが、と言って飲物、鶏肉、ソーセージをご馳走し、歓待してくれた。ここは一泊一二ドルの安宿だったが、客が少なかったこともあって二部屋使わせてくれた。病気の相談にのっていただき、腰をもんでもらったり、とすっかりお世話になったところだ。前年思わぬ病魔に苦しんだここカラファテ、お陰で病院の診療所を含め狭い町だが隅々まで知ったことを懐かしく思う。アルゼンチンといえばカラファテ、生涯忘れられない宿の人の人情、そして碧白い大氷河。

（律昭／アルゼンチン／一九九九年）

## ゴマパンの味、トルコのぬくもり

### 仕事か物乞いか

トルコ。この優しい名前。懐かしい国。多くの物語の主人公たちが兵を率いて駆け抜け、無数の国が生まれては消えていったトルコ。次の会話は私が何度か投げかけ、帰ってきた言葉だ。

「トルコでは物乞いをあまり見かけませんが、国が豊かといっていいのかしら」

「国は貧しいんですけどハートが豊かなんです。トルコでは収入のなくなった老人が幸せに生きていくことができます。家から出て行け、とは誰も言いません。しぶしぶ同居するのではなく望んで同居するのです。老人の知恵と経験は私たちの宝ですから」

もう一つ書かずにはおれない出来事。ヤロバという船着場でボートを待っていた時のこと、学齢前の少年が「靴を磨かせて」と近寄ってきた。遺跡を歩き回った私の靴は色も定かではなく、破れてさえいる。だが私は彼のために磨いてもらうことにした。お代を聞こうとポケットのお札を二、三枚見せた。と、その光景を見ていた人が二、三人、ドドドドッと走ってきた。私がお金を〝恵む〟と思ったのだ。代金を尋ねたと知り安心する人たち。その子は特に貧しい子らしく、手と小さな布切れ一枚で靴を磨いた。終わって私が子どもの肩に手をおいて励ますと、みんな微笑んで去っていった。

多くの国の憂国の士が観光客に群がる子どもに胸を暗くする。子ども自身のために、友好のために。が、ここでは多くの大人が物乞いという行為をさせないために神経を張り巡らせている。自分たちがいたいけな子どものうちから働いてきたからだ。誇りを持って。そして他家、自家の区別なく潔癖さを民族の誇りとして伝えていく。弱いものへの適正な保護と潔癖さは民族の財産だ。ある国の民の代表の多くが札束ウィルスに汚染され、プライドという感覚が死に瀕していることを嘆かずにはいられない。

さて、私の旅はイスタンブールから始まり、バスごとダーダネルス海峡を渡ってアジア側へ、長距離バスで遺跡を巡りボスフォラス海峡からイスタンブールに戻る、というものだった。巨万の遺産が語る声なき声とフレンドリーな人々の生の声の二重奏を聴いていただきたい。

## 夕闇のブルー・モスク

イスタンブールはかつて東ローマ帝国の、その後オスマン・トルコの首都として多様な文化が交錯し、世界中の物が行き来した。六本のミナレット（鉛筆型の高い塔）で有名なブルー・モスクに一歩入れば濃淡の青いタイルや天井のアラビア文字の醸し出す独特の雰囲気に圧倒される。その規模、豪華さ、丸天井の美しさ、祈る人たちの真剣さに打たれて暫し動けなくなってしまう。夕闇に浮かび上がるこのブルー・モスクの正面に一人で座れば身も心も吸い取られてしまう。

## モザイク画とガードさん

ブルー・モスクの対面に、ピンクの壁、四本のミナレットのアヤソフィア寺院が見える。かつてはギリシャ正教の総本山であり、キリストや聖母マリアの美しいモザイク画がある。ここと カーリエ博物館はオスマン・トルコ時代にモスクとして使われ、モザイク画はカバーさせられたおかげで保護されたという。その芸術に心を奪われているとと品の良いガードのおじさんが話しかけてきて、説明が終わらず、閉鎖中のバルコニーにも案内してくれた。国内を巡り、一〇日後にイスタンブールに戻ってカーリエ博物館に行ったら、そのガードさんがいた。職場が変わったという。よくよく縁があるガードさんだ。このおじさんの顔を見た途端に吐き気をもよおした。前夜トライしたラキという地酒のせいなのだが、博物館の控え室で熱いチャイをいただき、程なく回復した。

## チャナッカレ、「パスポートがない！」

アジア側の最初の街チャナッカレでは同乗してきたバスにいた客引きの薦めで共同バス・トイレのペンションへ。リュックを置くのももどかしくトロイへ行った。帰りは夕暮れでバスがなく、ヒッチハイクの梯子をして無事宿に戻り、「パスポートを見せて」と言われて青くなった。ああ、一日もたって気づくとは。昨夜泊まったのは日本語はもちろんのこと、英語も通じない安宿だったが、パスポートを預けたものの朝返してくれず、こちらも請求を忘れてチェック・アウトしてきてしまったのだ。

私の狼狽を見た宿主のおじいちゃん、イスタンブールの昨夜の宿へ電話してくれた。電話が終わるとおじいちゃんは「旅券はあった、貴女が帰るまで保管を頼んだ」と、これ、みんなジェスチャーで。

ほっとする私をおじいちゃんはしっかりと抱擁してくれて電話代はいらない、と言う。最低価格の安宿でこの電話、儲けは吹っ飛ぶと心配で、翌日の別れにはタオルやキー・ホルダーなど、ありあわせのものをやっと受け取ってもらった。このおじいちゃんとは今に至るまで文通が続いているが、孫に書いてもらっているようだ。

これ以後の旅、パスポートなしでも泊まれる最低ランクのペンションと夜行バスの頻繁利用という不便な旅を余儀なくされた。トイレの排水が床に流れる非衛生な宿、温泉地なのに故障で水さえ出ないというペンションにも泊まったが、その不快さを雲散霧消させる温かい心に触れ、日に何度も感動の涙を流した。

### ベルガマの若者

ベルガマ。街を見下ろす巨大な山まるごとが壮大な遺跡。かつてのベルガモン王国としてヘレニズム文化の中心地だった。ここで出会った学生らしき若者、こっちへ、今度はこちらへ、と案内してくれた。ゼウス祭壇跡、四〇万冊を誇ったという図書館跡等を見て後、崖にへたばって真似をしろと促された。言われるように崖っぷちから身を乗り出してみると、セリヌス川の谷の奥に水道橋があった。何かの事情で毎日この遺跡に来て一人で時間を費やしている若者に見えたが、この遺跡を隅々まで精通している様子だった。

この丘近くのアスクレピオン（医療都市）には柔らかい雑草のカーペットに往時の建物の柱が林立し、引き寄せられた。二、三人の女の子たちと四葉のクローバーを探して安らぎの一時を楽しんだ。

## エフェス、早朝の円形劇場

エーゲ海最大の遺跡群が眠るエフェスには朝露のあるうちにやってきた。清々しい早朝の空気を満喫しながら二万五〇〇〇人収容できる巨大な円形劇場の階段を上がった。この劇場をいっぱいに埋めたヘレニズム時代の人々を思い、対話をしながら柔らかい光の中、円形の階段をゆっくり上がっていくと、今この劇場にいるのはたった一人であることを忘れてしまう。最上段を端から端まで歩いて下のマーブル通りを見下ろすと、私のすぐ後に入ってきた一家族が見えた。下へ下りると、「一緒に回りましょう」と誘ってくれた。

このエフェスの基点のセルチュクはなんと素敵な街であろう。肝を抜く遺跡群を包み込む長閑な田園だ。ごく小さなペンションの窓から目の前に東ローマ時代の城塞と聖ヨハネ教会のコリント支柱群が見える。つい行ってみたくなる丘だ。優しい陽光に招かれて早朝七時、朝食も摂らずに登りかけた私を見て宿のおじさんがゴマパンを持って追っかけてきた。「これを食べてから行きなさい！」と。歩きながらかじるトルコのゴマパンの美味しさ。胸の温かさ。

城塞入口では管理人が重い門をガチャンと開け、「早朝だから入場料不要」と押し戻した。広い城跡の中をおじさんと朝露を踏んでゆっくり歩いた。色とりどりの花、地下室、モスク、はてはミナレットの中までも案内してくれた。目も眩む高さの頂上から静かに眠る田園が見える。あちこちを指差して説明をしてくれるおじさん。トルコ語だから覚えられないけれど地名や花の名を反復するのが彼とのコミュニケーション。旅行者の誰がこの、肩幅だけの半径の、体に泥をこすりつけながら登る古く狭いミナレットに入ることができただろう。多分「早朝」と「女一人」がもたらした幸せ。この頃にはお礼の品も底をつき日本のキー・ホルダーだけ。おじさんは私の喜ぶ顔だけで十分、という身振りをしてくれた。

## コンヤ、建築家と復元工事見学

パムッカレは石灰を含んだお湯が崖を流れ落ちるうちに段々に結晶して真っ白なカップ型の石灰棚を形成し、その中に温泉がたまったもの。奇観であった。旅を続け、中世と錯覚する古い街並と城壁、セルジュク式の屋根、絵画のように美しい港をもつアンタルヤから初めての夜行バスでコンヤへ。復元工事で閉鎖中の博物館の前でがっかりしていたら、来合わせた建築家が車で市中の見所を案内してくれた。マホメットの顎髭《あごひげ》があるメブラナ霊廟まで。他の閉鎖中の博物館や遺跡もフリーパス、館長さんがチャイを薦めたことで偉い人と知った。お別れを宣言する機会を逸し、修復工事のための石屋さん、材木屋さん、彫刻家などの訪問にもつきあった。バスの切符売り場のお兄さんが新鮮なトマトやきゅうりと共にゴマパンを差し出し、「これを食べてから行きなさいよ」と。コンヤもまた温かい街だった。

**カッパドキアの洞窟**

カッパドキアの奇岩のことは知らない人は少なかろう。ここでは現地ツアーを申し込み、世界各地から訪れた家族たちと足場のない洞窟や暗闇トンネルなどを一日かけて回った。数億年前の火山活動と長い年月の風雨による浸食で自然にできたという奇岩に、四世紀前後からキリスト教徒が洞窟を掘って住んだ、という地下都市も訪れた。

**アンカラ、見知らぬ人に助けられ**

特筆すべきはアンカラでの出来事。街外れの小さなホテルなのにさすがは首都、旅券がないと泊めないという。それまで三晩夜行バスが続いたのでせめてここではシャワーを使いたい、と話すと、同じバスから降りた二人がかなり遠くの交番へ一緒に行ってくれて交渉、話にならずまたホテルに戻って交渉、イスタンブールのホテルに私の旅券の有無を確認したらOKというところまでこぎつけ、ジェトンという電話用のコインをさっと受付に渡してくれた。お陰でやっとチェック・インできた。深夜も近いというのに見ず知らずの人たちが自分のこととしてつきあってくれたのだ。

この一人はアンカラ大学の学生で観光シーズン中はカーペットを売り、試験の時は大学に戻る。彼の招きでアンカラ大の日本語学部の学生数人と半日過ごした。選挙の話題となった時、野党が与党に勝ったことに話が及び、「雪がとけて春がそこまで来ています」などと驚くような表現をした。その日習ったばかりの表現だったかもしれないが。

## トルコの人の手の温もり

人が助けを求める前に、何か助けることはないかと待ち受けている多くの人に会った今度の旅だった。選挙演説場に迷い込んだらさっと椅子とチャイが提供された。交通の激しい通りを渡ろうと立っていたら、私が守ってあげたいような高齢のおじいさんが手を引いて渡ってくれるという。実際そうしていただいた。この切符を使え、と市内バスの切符をくれた人もいた。長距離バスから降りる私と一緒に下車し、私のトイレ時の荷物番をし、あわててもとのバスに乗り込んだ娘さんもいた。バスに置いていかれはしないかとこちらが冷や冷やした。自分の店を数時間閉めてブルサ中を案内してくれたアンティーク店の店主は「オンボロ車でごめんね」と言い、事実何度もエンストしたけれど。大型トラックやトラクターにも安心してヒッチハイクをお願いできた。

## バシっと壁うち、タクシー強盗

親切な人々の手から手へキャッチボールのように手渡されて二週間、トルコには悪い手はないと信じ込んでしまったこのボール、最後に舞い戻ったイスタンブールでバシッと壁打ちをされた。この世は収支決算が合うようになっている。一人でタクシーに乗り、今まで使えなかったお金を巻き上げられてしまったのだ。だが、それぐらいで中和されるほど生半可な温められ方ではなかったトルコの人々の手のぬくもり。

### 地を這う旅、天に舞う心

この旅はいつにもまして足を使い、地を這うような旅だったが、心が温められ体が舞い上がりそうに感じるほど軽やかだった。立派なホテルに泊まり飛行機やタクシーばかり使っていればその国の生活がよくわからない。安い旅ほど人々と交わりその心に触れることができる。温かい心のトルコの人々が日本のことを知ってくれているほど私たち日本人はトルコに関心があるだろうか、と気にしながらの旅だった。今度は親切にしてあげるために出かけたい、と心に誓いつつ、チェシェッキュレデレム（ありがとう）！

（彩子／トルコ／一九九三年）

## アンデス越えて純白のウユニ大塩湖へ

ボリビアにある純白のウユニ大塩湖に期待を寄せながらも、そこに到達するまでの高地のアンデス越えは辛酸を舐めた。チリのアタカマから三泊四日、行きは七人、帰りは三人の四輪駆動車の旅。我々夫婦が寝食を共にしたのは、アタカマの小さい旅行エージェントで偶然集まった英国の女性看護師さんとアメリカのカップルいずれも二〇代の若者五人だった。ボリビアに入ってからは、道なき道を前車両の轍《わだち》の後に従って走るデコボコ道で、緑はなく岩石と砂利ばかりの砂漠だった。場所によっては枯れた山ヨモギも見られたが、揺られてはエンスト、揺られては止まりの荒野の走行だった。

見所はたまに出現する湖とそこに飛来しているフラミンゴの群れ。単調そのものの光景だった。目を見張った事件は自転車で山越えをしていた若いカップルが、水が不足だとねだってきたことだった。海抜三五〇〇メートルの高地で野宿をしながら荒野を行く人間の執念を学んだ。我々の運転手と同乗者が気の毒がり、パンと水を集めて差し出すと二人は満面笑みを浮かべて挨拶した。その顔は忘れられないものだったが、たまに通る車を当てにする以外困難を乗り切ることはできない彼らの行動は、無謀と表現するほかないだろう。この砂漠でジープに出合う保証はないのだから。無謀すれすれの旅をしてきた私の姿に見えたのか「人のふり見てわがふり直せ」と妻が目で語っていた。

ウユニ大塩湖の目前で夜となり、塩でできたホテルに泊まった。日本の大谷石のような塩ブロックを組み合わせて建物の壁が作られ、ベッド、机、椅子もすべて塩材、床も塩の粉砕物だ。ホテルの周辺も地表面は岩塩の砂漠だった。近くの洞窟の中に発掘したミイラ数個が安置されていた。その時代の生活様式そのままに土器類や穀物も雑然と置かれていた。乾燥高地ゆえミイラには髪もあり、体には手足がくっついた状態、先進国なら博物館行きの代物だ。

東京都の四倍以上の面積といわれるウユニ大塩湖にやってきた。海抜三六五三メートル、一万二〇〇〇平方キロメートルにわたって拡がっている、見渡す限り純白一色の雪原ならぬ塩原の上を車が走るのだ。湖面には大小さまざま、およそ二、三メートル大の多角形が幾何学模様を形成し浮き上がって見え、目の届く限り連なっている。温度差による塩の膨張、収縮を調整しているのだろう。何の変哲もない広大な光景、車で走っても走っても続く塩漠、遠くに霞む山々、大自然の驚異がそこにあった。塩の厚さは七、八メートルと聞いたが、雨期での降雨も表面を水溜り程度に濡らすだけ。溶けることを忘れた塩漠の表面は巨大な鏡のごとく輝くそうだ。

　同行した欧米の若者から、この単調な光景をいかに写真に収めるか発案があった。塩原上に七人が頭を揃えて円形を作って仰向けに寝て一枚、つづいて縦一列に可笑しなポーズをとって並び、正面から斜めに狙って全員を撮った。純白一色の光景はハレーションを起こしがちだがこのように変化をつけることができた。常に新しいものを試みようとする若者を素晴らしいと思った。

　ウユニで四人と別れ、帰路は英国の女性一人と我々夫婦だけ。運転手が私用で逃げ出し、ボリビア側のエージェントが準備した車で事件が起こった。代えた車は買い替え寸前のオンボロ車だった。最初のトラブルはキャブレータ内で燃料の通路が詰まり、何度も車を止めてはボンネットを開けた。次はファンベルトの緩みでオーバー・ヒートし、部落集落のあるところまで車の機嫌をとりながらゆっくり走った。続いてハンドルのトラブルだった。車を止めては下に潜って修理を試みた。が、同じ現象を繰り返す。止めては車の下に潜り、四、五回は同じことを繰り返しただろうか。ついに自分の手に負えないと諦め、近くの会社に行くことを思いついたらしく、回り道をしてある工場に飛び込み修理を依頼した。

修理は溶接を含む大掛かりなものだった。砂漠の中に一つだけ存在する工場だから設備は自社で修理しながら使う習慣なのだろう。だから我々の車も面倒を見てくれた。有料だろうがそのお陰で砂漠に放り出されることもなく助かった。しかし待たされる我々のほうは車の中に横たわっていても胸が苦しかった。聞けばそこは五〇五〇メートルの高地だった。歩いてトイレを借りるのにもハーハーと荒い息使いになった。だが建物を隔てた向こう側では、従業員の子どもたちがサッカーに興じていたのだから驚きだった。環境は慣れるものなのだ。

二時間待たされて修理完了、それ以降はトラブルもなく走行できたことを神に感謝しなければならないだろう。トラブル慣れしていた運転手は動じなかっただろうが、我々には初めての体験だった。車がストップしたところはすべて富士山より高地だったし、旅程も遅れに遅れたのだから。営業用にこんなボロ車は先進国では使わない。

岩石砂漠の真っ只中でも対応できる忍耐強い現地の人たち。国とは、文化とは、政治とは、豊かさとは。置かれた環境を受容して逞しく生きなければならない人々のことを改めて思った旅だった。

（律昭／ボリビア／二〇〇四年）

## 「私の頭くるくるよ」

「とも子さん、結婚してください。そしたら貴女と私、日本に行って私仕事します。貴女を幸せにします」

と、日本人らしき女性に重大な申し出をしているネパールの若者がいた。彼の真剣な眼差しと言葉がその女性を困惑させていた。私は山なすネパールの小村に来ていた。二八歳のその青年は少し気が変で、日本の女性ツーリストを見かけると結婚の申し込みをしているという。

三〇〇人という有資格者を突破して日本に招かれ、一年あまり農業を学び、帰国したばかりの頭脳明晰な青年であった。日本では各地でホームステイをして農業実習をしたという。比較的大規模な農家が受け入れ家庭であったが、彼らにとっては外国の客一人を一週間から一か月、実習させながら歓待することはさほど大変なことではなかっただろう。彼の滞日生活は快適だったにちがいない。楽しかった思い出、山のようなお土産、そして「またいつでもおいでよ！」の声をあとにネパールの土を踏んだ青年の目に、折からの乾期で砂塵の舞い上がる母国のなんと汚く映ったことか。

かつては心に豊かさを与えてくれた、精緻な彫刻の施された古い寺院や荘重な王朝遺跡も、外国人が心の故里のごとく安らぎを求めて歩き回る名所も、銀雪をいただいた故郷の湖の風景さえもが色褪せて見えた。かつては誇りであった自分の国、日本人やアメリカ人の多くが、水を求める渇者のごとく、現代病を癒しにやってくるこの国に、ラムは帰ってきた。だが嬉しくなかった。うつろな彼の目は何も捉えることができない。代わりに見えるのは誰もがこざっぱりした服装で通りを歩いていた日本。日本の一番汚いところもネパールの一番きれいなところよりきれいに思えてしまう。観光客に群がってルピーを欲しがっている子どもや、象の皮膚のような尻丸出しでわずかなルピーを得るために学校にも行かずガイドをしている観光地の子どもたちを見た時、彼の目に涙が溢れ、ひとりごちた。

「ああ、日本では物乞いなど見なかったなあ。ここじゃあ五か月も風呂に入らない子どもはざらだし、自分だって以前は行水でもできて幸せだったが、あの快適な熱いお風呂を経験した今ではぬるい風呂は我慢できない」

段々畑がとても芸術的なネパール、だが生活は酷しい。水道だけは三〇年前に地方にもほとんどついたがトイレは完備していない。牛の糞と人間のそれとが道路に並んであったりする。熱いお風呂はまだまだ贅沢だ。ラムには生活水準が日本とは五〇年も遅れているように思えてしまうのだった。自分の生きている間に日本に追いつくことは不可能に思えた。日本各地での一年三か月はいまや幻のように思えた。

ラムは今私を目にし、駆け寄った。

「私の頭くるくるよ。私、知ってる。だけど私ネパールの人嫌い。日本の人みな好き。日本に行きたい。結婚してください。お名前はなんですか。クレイジーみたいけど貴女と結婚して、日本大使館に行って、ビザをもらって、日本に行って住みます。日本で一生懸命働いて貴女を幸せにします。お願いします」

私はラムの頭を冷やそうと試みた。

「ネパールの人は純心ですよ。温かい心があるわ。私はここの人が好き、だから来たんです」

ラムは私をさえぎり、きっぱりと言った。

「日本の人九〇パーセント良い人、ネパールの人一〇パーセント良い人で九〇パーセント悪い人」と。彼の頭は完全に日本病症候群にかかっていた。私はラムの「頭くるくる」に深い同情を感じた。彼の心は懐かしい農家の人々の親切のおかげで日本に取りつかれてしまっていた。

ラムは続けた。

「ところで、なぜ貴女はここに来たんですか。あなた方はこの砂埃のネパールに何を見にくるのですか」

　多くの日本人や欧米人が心の渇きに潤いを求め、麻薬患者がアヘンを求むるがごとく、ネパールへやってくる。ひとたびタイム・トンネルをくぐると、ゆったりとしたなくなる。生活に魅せられ晴耕雨読の生活に喜び、時がゆっくりと進む生活を忘れることができなくなる。ここには自分の人生を砂刻みにするような母国の生活と異なる人間らしい生活がある。「そう、これこそ私が憧れていた本物の人間生活だ」と何度も何度もうなずくのだ。

　私はラムの申し出に答えた。

「ラム、ごめんなさい。答えはノーです。私はここが好きなんです」

「馬鹿な。汚いトイレや水風呂に貴女が慣れるわけないよ。おお、いや。僕はできない」

「ラム、我慢する値打ちがありますよ。汚染された空気より汚いトイレのほうが我慢できます。汚れた空気から逃げる場所はどこにもないのですよ。健康な体を売って便利な生活を買ってるのですよ、私たち」

「君は愚か者だよ。〝本物の生活〟だって？　自然と人間の共生だって？　ま、何でもいいけど君はそれに感動したんでしょう。そしてここの人々は純情だ、とか言ってるが、僕は知ってるんだよ。君みたいな人がいっぱい先進国からやってくるが、思い入れは深くても、物質文明を捨て住居をここに移すほどの人はいない。ただ、垣間見に来るだけ、せいぜい経験しにくるだけだよ。僕にはわかる。あと一、二か月たったら貴女がどこにいるか。たったもう一、二か月の問題だよ」

「自分の一生のうちで日本の生活に追いつくことはない。日本に行き、生活する方法を見つけるだけだ……」と繰り返すばかりのラムを前にして、私は落ち込んだ。混乱しながらも私はラムを説得しようと努めたが無駄だった。矛盾存在、かもしれぬ私の口から出る慰めも励ましも、心を病むほど希望を失い、絶望感に打ちひしがれている、悩める青年には何ほどの説得力があろう。言葉が何度もむなしく宙を流れて消えた。利便性を追求することに限度というものを知らぬ国々と、自国の生活様式とのギャップに心を撹乱されている青年には言葉はなんの効果もなかった。彼は異次元の世界を見てしまったのだ。

私が先進国や途上国の生活の格差と価値とを測りかねている間に、ラムは自分のプロジェクトにはほど遠い、この時間の無駄遣いに疲れ果て、宣言した。

「君はここにいてネパールの若者と結婚したらいい。私はもう行く。日本人の女の子を見つけて結婚します」

私は静かに立ち上がり、そっと手をラムの肩に触れ、「さよなら」と立ち去った。ラムが日本への渇望から早く解放され、お土産のラジカセを聞きながら一日も早く母国のために働くよう祈りながら。

（彩子／ネパール／一九九四年）

## ワイロ免許証に乾杯！

メキシコでスリにあってアメリカの運転免許証を失った。メキシコとの相互協定により両国で運転できる免許証である。日本の免許証さえあればメキシコの免許証が取得できるという。半信半疑ながら手続きに行った。

出張オフィスは路上に駐車されたレントゲン車のような移動車の中だった。受付の前に金額を折衝してから乗車するシステムだと教わったが、法定金額八〇ペソなのに二〇〇ペソ請求され、メキシコの知人が三〇ペソ値切ってくれて一七〇ペソ（当時約一五〇〇円）で交渉成立。「貴方はいくらですか」と受付で聞かれ、お金を支払って書類作成に入った。あとは写真を撮って手続き完了。外で五分待ったらできあがった。アメリカでも通用するれっきとした免許証だった。

だがこの免許証、日本の免許証と異なり、メキシコ国内では身分証明証の代わりにはならない。日本の運転免許証を見せても見ない振りをしたが、日本語が読めないから当然であり、それを承知で交付してくれたのだ。身分証明証らしきものを見せれば誰にでも交付してくれる、ということだろう。

「いつでもここにいるから来てくれよ！」

係の人たちはサービス精神旺盛であっけらかんとして好感が持てた。人によって手数料が異なるのだが、ワイロ意識などないふうだった。

交通違反の場合は、警官が「今ここで支払えば半額にする」などと言って一人占めにしてしまうことが多いが、この出張免許証交付車は、車の中に三名、外に外交と警備の二名、計五名がチームだ。それにしても一日何名更新に来るかわからないが結構な小遣いになるはずである。

日本のように書類だ、印紙だと形式ばったものは何もない。名前など、最小限の質問に答えるだけだ。簡単な手続きだから受け取る側からすれば大変楽だ。人によって金額が異なる言わばワイロ免許証、良くはないが日本もこの簡易性は見習うべきだと思った。最初の交付は一年間の期限、次の書き替えからは五年だそうだ。ワイロ額は五倍になるのかな。

もちろん書き替えのお知らせも来るようだ。おおらかで屈託のない人たちに乾杯！

（律昭／メキシコ／一九九七年）

## マナイヤ・サモア　――さざめく星と踊る若者

サモアでは南太平洋の汚れのない青い水と珊瑚礁に囲まれ、降り止まぬ星の光を浴びて眠る。女性が大切にされる国サモア。食物が豊富でどこの家の子も一緒に食べ、未婚の母の子も明るく育つ。日曜日に皺一つない白衣に着替えて教会に向かう姿の爽やかさ。むくつけき男も無垢で純情、大声を出すことさえない。他人のことも自分のことと考え、いがみあうことの少ない孤高の島のマナ（魔力）にかかってしまった私。ポリネシア人発祥の地、サモアはＵＳＡ領のアメリカン・サモアと南太平洋の島々の中で最初の独立国となった西サモア（一九九七年からサモア）から成る。

私の訪れたサモアのサヴァイイ島は、首都アピアのあるウポル島から船で二時間弱だ。グローバリズムのノックへは扉は重い。固有の文化や伝統を守るサヴァイイよ、ビジネスのグローバリゼーションへ永遠にドアを開くな、と願っている私たちに彼らの心のドアのなんと目いっぱい開いていたことか。

アメリカン・サモアのアピアから船で西サモア（当時）に渡り、サレロロガ埠頭からバスで三〇分、サパパリ村のパパリー家に着くと親戚総動員して改築の仕上げ中。泥棒のいない常夏の島サヴァイイの家は大多数がファレと呼ぶ柱と屋根だけの開放的な建物だ。私たち二人のために寝室を造り、ペンキをペタペタと塗って仕上がった。

この旅はみどりさんとの二人旅。みどりさんの夫はかつて研究旅行でサモアに行き、この島に魅了された。定年後は一緒にサモアへ住もう、といつもみどりさんに言っていたという。彼が急死し、みどりさんは亡き夫の愛したサヴァイイ島へ夫の供養旅行を思いついた。いくばくかの寄付をし、彼のお骨をサモアの海に漂流させてやりたいという。私は通訳その他なんでもやります、と同行を申し出た。

抱擁攻めが終われば食べて寝てダンスして、が大事な仕事。タロイモやブレッド・フルーツは日に三度食べても飽きない美味しさ。マナイヤ（Good！）タロだ。食事順序が面白い。両親とゲストの次は女性、最後が男性。娘とその友だちが食べた残りを屈強な息子とその友達が食べるのだ。

村人が交代でご馳走を持ってやってくる。豚の丸焼き、蛸のココナツ・クリーム煮、獲れたてのカニ。おお、マナイヤ。どれもこれもがもうこれ以上は入らないと思いつつ手が出てしまう美味しさ。でも忘れてはいけない。現金収入のない彼らゆえ、お礼にいくらかのお金をあげること。あくまでペイでなくプレゼントとして。食べ終わるとフィンガー・ボールがさっと出てあとは寝るだけ。「プリーズ・ハブ・ア・レスト」と言われたら寝るのがエチケット。こちらが寝ないと彼らも寝られないのだから。

昼寝が済めばみんなそろってラグーン（入江の沐浴場）へ。

軽トラックでの島巡りでは二五歳のトムが腕を上げマットを支えて数時間、幼児のような真剣な表情で私を強い日差しから守ってくれた。この、麗しのサモアン・ライフの問題はたった一つ、どこに行くにも誰かがついてくることだった。皇室の人のご苦労がわかった気がした。機会をうかがって三日目、護衛し疲れた側と護衛され疲れたみどりさんが眠っているうちに「今だ！」と一番眺めの良いラグーンへ。「ああ、極楽！」と声に発しつつ、水平線まで遮るものとてない南太平洋に一人で体を浸した。ところがそこは男の沐浴場、ぞろぞろと若い衆がやってきた。その中にトムがいて私に何か叫んだ。その表情から察し、水を滴らせて帰った。服を身につけて沐浴していたのは幸いだった。

それからは簡単だった。「アルサヴァリファファフォ（散歩）」という言葉が力を発揮し、村を歩けばアヤ、アヤと微笑む顔、顔。その顔の優しさ。だがその笑顔の陰に、悩む若者像が垣間見えた。ある日、若者たちと話をしていて驚くべき事実を知ったのだ。

自殺が多いというのだ。

島には情熱を注げる仕事がない。海外に出たいが飛行機代などもちろんない。島の生活に将来の希望が見出せず自殺を選んでしまうというのだ。「地上の楽園サヴァイイよ、永遠に変わるな！」は自文化をこよなく愛する年配の人々とアウト・サイダーの願いだ。固有の自文化に収まりきれない若者たちをどうして責められよう。彼らの悩みを解決するには魚貝類の養殖や加工場など、若者の雇用促進に役立つ産業の誘致が必要かもしれない、と悩んだ。

サモアの子どもの親孝行には目を見張った。なんというしつけ上手。息子や娘は全収入を親に渡し、海外に出た子は送金をつづける。例えば長男のサムは三〇歳を過ぎた腕のいい大工だが収入は全部親へ。そして親から日々僅かの小銭を小遣いとしてもらうだけ。パパリーの長女スサナは朝食を作ってから郵便局に出勤、帰宅してまた夕食を作る。給料は全部親に渡す。小さい子たちも茶碗洗いは日常の義務だ。

部族長会議が開かれた。既婚女性は参加できないこの会議だけど、実力者の家の客である私たちには特別許可がおりた。頼みもしないのに一〇〇〇ドル（今の一五万円より価値があった）持ってやってきたみどりさんと付き人の私。会議場のサモアン・ファレで柱を背に陣取った部族長さんたちは口々にここへ座れと隣を指差してくれた。

パパリーは部族長の長、昔で言えば大酋長だ。固めの儀式のカヴァの汁（一種の麻薬の木をどろどろにすりおろした汁）をいただき、カヴァの木までも贈与された。

婦人会による歓迎会があるという。私たちが歓迎会に着る服を隣の主婦が一日で縫うのだと、スサナが布地を見せに部屋に来た。サモアでは高貴な柄、木の皮を模した柄だ。そのうえフリルだらけにするという。「重大行事の歓迎会だからこんなドレスを着なければ」とスサナは強引だった。「絶対着ない！」とがんばったが服はできてきた。縫ってくれた主婦は妊娠中で、生まれる子どもが女の子なら私の名前をつけるという。着ないわけにはいかないだろう。

せかされてその服を着た。ウラという香り花をいっぱい繋げた大きなレイも二つできていた。胸元いっぱいのフリル、裾が短いワンピースを着た、平素の自身とは似ても似つかぬ双子おばさんができ上がり、お互いを指差して笑い転げたが、恥ずかしいと思うひまもなく、居並ぶ婦人会の面々に大拍手で迎えられた。

演説の時が来た。みどりさんの願いで、みどりさんに代わって教育基金についての大演説。日本では恥ずかしくて聞かせられない私の英語、なのに我ながら迫力があると感じつつ。山のようなプレゼントをいただいたお礼には覚えたてのサモアン・ダンスで乗りに乗った。帰りは花で飾った車が準備され、黒山の婦人に見送られてのご帰還だった。

サパパリ村最後の夜は若い人たちが集まってオール・ナイトのダンス・パーティーだ。サムを相手に踊り続け、夜も更けた。最後にもう一度星空を眺めようと一人芝生の褥に寝転ぶと、漆黒のベルベットに縫い付けられた幾千もの巨大な星のダイヤが何万ボルトの光線を発し、交錯し、私の頭を突き刺してきた。なんという贅沢。ここは同じ地球上？

真っ黒の空にさんざめく星の群れと踊り続ける、悩める若者。南太平洋に浮かぶサモアの夜。

（彩子／サモア／一九八九年）

## 船旅、この隔離社会

船旅は乗船する船の豪華さによって客筋も違うという。私が乗船したピース・ボートは六〇〇人以上の団体旅行だったが、ウクライナ船籍で建造三〇年のボロ船、三か月の航路で食事を含んだ料金は一二〇万円、四人一組でバスタブや窓もない甲板階下のキャビンに振り分けられた。最高が四〇〇万円のスイートだ。一方、「飛鳥」など豪華船は最低料金が三五〇万円だからキャビン以外にも差があって当然だが、各寄港地でのオプションはあまり変わらないらしい。

船内は狭い社会なので人それぞれの人格がすぐ見えてくる。お金持ちが教養もあり品性もあるかといえばそうとは限らない。自己顕示欲が強く自信に満ち自慢をしだしたら止まらない人が多い。その奥さんたちは、おとなしいか鼻持ちならぬでしゃばりかどちらかだ。今回も「飛鳥にも乗ったが」と自分をひけらかし、人を見下す物言いをする人が何人もいた。このような船旅愛好家は人の話は適当に聞き、自己を前面に出して得意満面で過去を語るので、おのずと交際範囲が限られていた。

熟年層は、飛行機で行くせわしない旅からの解放を期待して乗船したようだ。船旅は荷物など持つ面倒なしに多くの国や観光地に行けるからと何回も乗船した人がいた。若い人は楽天的にあり金を全部はたいて「エイ！」と乗船していた。新しい試みからチャンスが開くかも、という期待感もうかがえた。「日本に帰って君たちどうするの？」と老婆心で聞く人にここぞと職探しをする若者も多かった。

さて船内における人間模様について気づいたことを列記しよう。船上で野菜栽培を教えるために材料一切を持ち込んだ粋な人。セミプロ的趣味を伝授することに意気を感じている人には共鳴した。持ち込み自転車で寄港地を観光するのは足が確保できて素晴らしい名案だと思った。主催者のお手伝いをする若者も多く、割引料金で乗った若い人たちが多かったが結構なことだ。映画、マージャン、碁、読書は最大の娯楽のようで、部屋は大体指定席だ。若者はスポーツと激しいダンスで汗を流し、年配者は競歩で船内を歩く。年配者でダンスに興ずる人は一生懸命だが、これらへの反応は悪くはなかった。

オプショナル・ツアーに行く人とそうでない人ははっきり分かれ、中・老年組が行く。話し相手の選択は年齢層で行う。ビデオ、デジタルカメラ撮りに生きがいを感じているのは六〇～七〇歳代の人。若者は寄港地ごとに仲間を作っては観光に出る。私もそうで、泳げる浜辺を探して単身行動をしていたら、行く先々で船の人たちに出会った。港での自由時間に遠出しすぎて出航に乗り遅れた若い女性もいた。船酔いは避けられない。酔うのは元気な証拠だろう。船医にかかった人のうち、骨折が一五パーセントもいた。お土産は競争で買っているようでダンボール五個もザラ。制限なく運んでくれるのが船旅の特徴だとか。海外駐在経験者は自分をひけらかす傾向があるが、駐在はよほど自信を高めるものらしい。旅好きである以上旅自慢に限度がなく、自分の体験した旅行が一番と思い込んでいる人が多い。

事件、ニュースには事欠かず、誰と誰が何した、とかの噂話が飛び交う。食べ物にはエゲツナイほどの欠食成人がいて早くから並んで食堂の開店を待つ。ディナーのスープをお代わりする人、一人一個と決められたアイスクリームもお代わりする。自腹での飲食には結構金銭感覚があり、割り勘しても支払わず平気でいる人もいる。結核菌保有者でありながら知らぬ顔で乗船していた不逞の歯科医や、ゆかた姿で態度が横柄、人に絡みつくヤーさんらしき者もいたが強制送還された。風邪はすぐ蔓延するが空調が病原菌を伝達するからだ。四人キャビンともなると鼾や痰つまりなど騒音にも悩む。以上はあまり芳しくない出来事だった。

これぞ社会の縮図だ、と思った。類が友を呼ぶのは隔離社会では特に目立つ現象で、どちらかといえば自主性、主体性を欠いた人たちが多かったように思う。毎日衣服を着替えても裸の人格が透けて見えた共同生活だったが、料金が安価であるという船旅の特徴が出たのだろうか。

豪勢な船旅にも面白い特徴が出ているかもしれない。毎日蝶ネクタイや背中出しドレスの正装で貴族社会の晩餐会が再現されているかもしれないが、彼らのマナーや会話はさぞかし優雅なものであろう。

（律昭／二〇〇〇年）

## 「男のロマンが実現できた！」――大豆畑に結ぶパラグアイ移民の夢

### 立ち寄った途端の歓待

パラグアイの日本人移住区ピラポを訪れた。南米四か国を夫婦で旅行中に思いついて。旅の妙味は観光地見物より人との出会いにある。エンカルナシオンという移民都市のバス・ターミナルから一時間あまりバスを乗り継ぎ、バス停で客待ちをしていたタクシーに乗ると、彼が案内してくれたのは彼の隣人、所谷さんの家。運良く所谷さんは戸外に立っていた。予約もなく突然訪れた我々夫婦の素性も聞かず「どうぞ、どうぞ」と招じ入れてくれた所谷さんご夫妻から話を聞かせていただくことになった。すぐにドリンクが出され、程なくお昼時となったら、昼食をご馳走してくださるという。日本人旅行者として名前を告げただけの関係なのに。鳥取県の田舎に育った私だが、訪問客があると見知らぬ人であろうが大人たちはすぐに縁側にお茶や漬物を並べ、お昼時でもあればありあわせの食事を共にしたものだった。「古き良き日本がここにある！」と、感動して話を聞き始めた。偶然の出会いで所谷さんの話を紹介するのだが、このピラポ市やイグアス市の日本人移住地の、どの家族にも百万語を要するドラマがあるだろうこと、初めに断っておきたい。

## 「努力は報われる！」

所谷さんは高知県出身だ。このピラポ日本人移住区には岩手、高知、北海道の順に多く、日本全国津々浦々から四〇〇家族が入植した。多くが筆舌につくし難い労働の酷しさ、暑さ、蚋《ぶゆ》等、いろいろな理由で日本に引き揚げたり、都市部で別の職業に活路を見出したりし、今では二三〇家族が残っているという。所谷さんご夫妻、拓さんと初子さんはパラグアイのピラポ地区初代移民、含蓄ある人生哲学がちりばめられた経験談の合奏を聞いていただくこととしよう。

拓さんは一九六〇年、一五歳の時に両親や兄妹と共にパラグアイにやってきた。当時はこの地に診療所はなく、近隣都市から週一、二回医者が来た。夢を描いてやってきた地には道路があっただけ。まず井戸を掘った。昼なお暗いジャングルの、直径一メートル以上の大木を斧で一本ずつ切り倒し、火をつけて山焼きし、種蒔きをした。山焼きは共同作業だったが体中煤だらけになった。青年団長をやったが、体が資本であるから「酒飲むな」「煙草を吸うな」を徹底して頑張ってきた。二年後に診療所はできたが、井戸もランプ生活も一〇年、水道、自家発電ができたのもともに一〇年目であった。

二三才で結婚したが、入植後二〇年経ったら快適な暮らしとなっていた。一二〇〇ヘクタールの所有地、七五〇ヘクタールの大豆畑を持ち、広大な敷地には息子さん夫婦のためプール付きの瀟洒《しょうしゃ》な家を増築中だ。息子さんはトラクターの運転と耕地の見回りだけで重労働不要、自分の代より収益を上げているという。「努力は報われる！」というのが拓さんの全力投球人生から得た信念である。

## 「食物は二重の喜びをもたらす！」

初子さんの喜びと悩みにも耳を傾けよう。初子さんは愛媛県出身、子どもの頃両親と共に移住してきた。まず蚋に泣かされた。体の露出している部分には真っ黒になるほどたかってきて、化膿し跡が残った。一八歳で結婚したが、子どものオムツカバーは手作り、メリケン粉の袋でシーツや服やパンツも作った。他の入植者にも同様の苦労があっただろうが、洗濯は井戸からつるべで水をくみ上げ、洗濯板で、それも子どもをおんぶしてやるのでおんぶ紐が肩に食い込んだ。時代劇映画で見る井戸端風景であるが、初子さんにはそう遠い昔の話ではない。料理は入植時には薪で行ったが今はガス。近年は電気製品、ウォシュレットのトイレ、コンピューターに囲まれ、衛星放送で日本の番組を見られる日々である。

料理も縫い物も得意で、この日突然の訪問でご馳走になったメニューは鶏モモの煮付けやバター焼き、きゅうりの酢の物、焼き海苔から手作りした佃煮、梅干とにんにくのミックス、初子さんの実家から届いた巨大でジューシーなマンゴーだった。最高の味のマンゴーをふんだんにいただくのは初めてだった。昼食の準備をしてくれたのは息子さんのお嫁さん。足にピッタリのファッション・パンツに身を包み、お嫁さんというよりお嬢さん。もうこの世代には苦労がないようだ。

初子さんのコメントが印象的だった。

「ここでは食物は〝作る喜び〟と〝食べる喜び〟と両方味わえるのです」

おやつにご馳走になった手作りチパ（チーズパン――パラグアイ名物）は、もちもちしてなんと美味しかったことか。首都アスンシオンで試したどのチパよりも美味だった。東南アジア原産のマンジョーカという芋を入れたパンだそうだ。

**初子さんの悩み**

初子さんが悩みらしきことを漏らした。「ここに来て良かったとは完全には言い切れません。農業以外では大成できません。子どもの個性を伸ばすところがありません。

学校を出たら日本に行って何かしよう、となってしまいます」「自給自足でしたから女性は主婦をしなければなりませんでした。束縛は全くないけれど、家庭として収入があったらやっぱり機械に投資してしまいます。女性が収入を得てそれを自由に使う、という喜びがないんです」

男のロマンを実現できた拓さんと喜びを共にしてきた夫人ゆえ、男性との微妙な差であろう。能力を生かす場がない、という悩みのようだが、五四歳とまだまだ若く、時間と経済に余裕ができた今、初子さんはきっと創造的な生きがいを見つけるにちがいない。ちなみに近くの医師、落合さんの家は初子さんの設計とか。三三〇平米の落合さんの家も、なんとも豪華で快適な生活空間であった。

移住一〇年の落合康弘医師の妻、不二子さん曰く「移住というのは、厳しい面もあり迷いながらの一〇年でしたが、パラグアイの生活は私と主人には最高でした。若い息子たちは、私たち以上に迷いながらの暮らしでしたが、農業の基礎はできあがり、いくらか楽になるかもしれません。日曜などは主人と牧場の中にある『夢酔亭』でワインを飲み、乗馬を楽しみ、音楽を聴きながら半日をゆっくりと過ごす時間があり、パラグアイならではと思っています」と語ってくれた。JICA（国際協力事業団）の派遣医師としてやってきた落合さんは日本語が通じる医療機関として日系一世に大いに感謝された。二年間の在任中にパラグアイが気に入り、畑を買い、日本に帰って六年して家族で戻ってきた。相当な額を投資したが一〇年で夢を「モノにした」そうである。

## 蚋がびっしり歓迎のキス

初子さんの実家に案内された。大学教授風のお父さんを中心に素敵なご家族の歓迎を受けたが、今の豊かな生活に至るまでのご苦労はもう誰の表情にも見られなかった。ここでは黒い頭の蚋まで競って歓迎してくれた。庭でちょっと立ち話をしていた時、痒みを感じて気づくと、手にも足にも首にも蚋の群れがキスをしていた。ウルグアイの道中ずっと長ズボンだったが、ここパラグアイに入って暑くなり、先ほどのバスの中で下を切り離して半ズボンになったばかりであった。手で振り払うとじきに足が血まみれになり、ご挨拶もそこそこに失礼したが、その後この蚋のしゃぶった傷痕が化膿し、水ぶくれが破れ、パラグアイ、アルゼンチン、チリと長旅の最後まで手、足、首の痛痒さに悩まされた。二〇日後、日本に帰ってやっとかさぶたが取れたが、小豆のような濃い傷痕は夏までも残るだろう。〝運良く〟初子さんの過去のご苦労の一部を体験させていただいた。初子さんは若かったから回復は私より速かったであろうが、蝲怖し。私の傷痕から日本に逆戻りした人たちの悔しさがひしひしと伝わってくる。

### 夢を乗せてそよぐ大豆海原

農機具の格納庫と大豆畑にも案内された。格納庫のあるところは入植生活が始まった場所でまだ当時の井戸が残っていた。車庫には車輪が私の背丈より高い、クーラーつきのコンバイン（刈り取り機）四台、二五トントラック二台、四〇トントラック二台、種蒔き機は大豆用四台、小麦用四台、消毒機三台は折りたたみ式だ。五トン収納のコンバインがいっぱいになれば一二トン用のトレーラーに移し、このトレーラーが満杯になると道路で待機している大型トラックに移し、そのままサイロ（アメリカ系商社）に出荷される。アメリカの多くの農業経営より遥かに大規模だ。七五〇ヘクタールの大豆はよく育ち、拓さんの夢を受け止め、さやさやと軽やかな音をたて、風にそよいでいた。パラナ川を境にし、パラグアイのテーラ・ロッサという赤土は世界一肥沃な土地という。今年は特に過去一〇年で最高の売り上げが予想されているという。小麦が裏作の二毛作である。

入植当時は「血も涙も一緒に出た」という拓さんだが、努力した甲斐があり、夢が実現した。努力が報われた男の満足感と自信が拓さんの言葉の端々に漲《みなぎ》る。これからはプロの教師の指導を受けて日本語の教師になるという。日本語だけでなく、拓さんは日本文化、特に日本古来の美徳や正義感について教えるつもりである。〝心棒（辛抱）は金なり〟は拓さんが父親から習った家訓だが、〝努力は報われる〟〝物にも人にも感謝せよ〟〝人生で重要なことは一生懸命やることだけ〟等、自らの体験から得た格言について語り、「勉強が好きならパラグアイの大統領になるよう頑張れ！」と孫や小中学生たちへ発破をかけるつもりでいる。

（彩子／パラグアイ／二〇〇四年）

## 鼻の向くほうに歩いて棒に当たった！

日本との季節の違い、アメリカと時差がないこと等で南米に魅せられての旅は一〇回目となる。イグアスの滝や、パタゴニアの大自然の脅威、ガラパゴス諸島の動植物の生態などそれなりの目的を持って過去には訪れたのだが、自らが汗を流さねばならないアコンカグア登山も目的の一つとなった。今回、現地の登山関連旅行社との連絡が途切れてしまったが、航空チケットは用意していたので、アルゼンチンの現地調査を兼ね、ウルグアイ、パラグアイ、アルゼンチン、チリと四か国を巡る鼻の向くままの旅となった。数々の出会いに彩られた今回の南米四国の旅、犬も歩いて素晴らしい棒に当たった。辛抱という棒に。

好奇心のままに行動したパラグアイではピラポで日本からの移住開拓民の一人と出会って思わぬ世界を知らされた。ウルグアイのモンテビデオから夜行バスでパラグアイのアシスオンに向かう途中、エンカルナシオン市で下車し、日本人移住地があることを知った。バスとシロタクを乗り継いでピラポ移住地に着き、飛び込んだのは所谷拓氏の家、彼は一五歳の時家族でこの地に移住されたという。

　原始林を開いた当時の斧、くわ、種蒔き器具を見せていただいたが、辛苦の末の今はサクセス物語。一二〇〇ヘクタール（一辺各三キロと四キロ）の農場で七五〇ヘクタールは大豆畑、プール付き鉄筋三階建の家を息子夫婦のため増築中であった。今年は大豆の値が大変良いそうである。大豆も農薬に強い遺伝子組替えタイプを栽培、「不耕起栽培（耕す必要がない）」で非常に高い生産性を誇っているようである。収穫大豆は現地に集配作業場をもつアメリカ資本に買い取られる。

　人生とはいったい何なのだろう。改めて問うてみたい気持ちになった。若い時の苦労は買ってでもせよと言う。昭和三五年入植されてはや四四年、振り下ろしたひと斧、ひとくわの、汗と泥と涙の結果が今あるのだとしみじみ思った。「それしかない」「やるしかない」生活のなかで苦渋との戦いに打ちのめされることなく生き抜かれたことに頭が下がる思いだ。昨今の若者にこの気持ちがわかるだろうか。昭和を生きてきた素晴らしい人生にここパラグアイで出会ったのだ。「心抱（辛抱）は金なり」というお父さんの家訓を守って成功した人に。

　このご夫婦の生活は現代の若者の憧れる生活の一つに違いない。職業は経営者、NHKの放送は朝から見られ、携帯で友達とコミュニケーションできて暮らしの場が広まり、ＴＶ電話でボストンの娘と会話ができる。食べ物は全くの日本食、刺身用の魚はキログラム単位で冷凍庫にある。地球のどこに住んでも思いのままの生活ができる人生って、若い時の生活信条と行動の結果だとしみじみ感じた。

パラグアイの首都アスンシオンでは日本人経営のホテルに泊まることにした。チェック・イン後すぐに妻が一人でプールに行き、安全性に問題のありそうなプールだったので、注意を促そうと後を追って中庭に下りた。プール近くのベンチで読書に耽っていたＴ氏が目にとまり、話しかけた。

「読書中お邪魔します。こちらの滞在は長いのですか？」

気がなさそうにチラッと私に目を移して、「もう二週間になります」。

「そうですか。お仕事ですか」と私。

彼は面倒くさそうに「ええ」と私を凝視した。私と会話する気がなさそうだ。

「この国でのお仕事は大変でしょう。貧しい国ですから」と私。

Ｔ氏は「いや、以前と比べて住みよくなったんですよ」と語調が強かった。自分に自信があるのだろう。私は執拗だとは思ったが、なお「どんなお仕事ですか」と畳みかけた。

「土木関係の仕事です」と彼。

「そうですか。私も技術屋です。今はリタイアしてますけど」と私。

「ところでお住まいは日本のどこですか」と更に会話をつなげていった。

「東京です」

「東京はどこですか」

「K市です」

「ええ！　K市？」と私は異声を発した。

「K市のどこですか。富士見通り側？　旭通り側？」と驚いて矢継ぎ早に尋ねた。

T氏もビックリしたのか怪訝な表情で「どうしてそんなに……」と好奇心を見せた。

「いやあ、私もK市なんですよ。といっても南武線の南側でY駅の近くですが」と私。

「そうですか。私はH研修所の近くです」とこの頃にはお互いに平常心に戻っていた。

「確か整形外科医がその近くにありましたよね」と私。

「そうです。その近くの路地を入ったところです」と彼は紹介した。

「なるほど近くに住む者同士だったのですねえ。私のところにもクリニックがありますよ。最近新ビルに移って大きくなった病院です」

「知っています。そこに入院してましたから」と彼は付け加えた。

「そうですか。大病だったのですか。大変でしたね」

「ええ、今も定期検査には行ってます」と和やかな表情になった。

彼はパラグアイ以外にも南米数か国を仕事場として二〇年来日本と行き来している、南米事情や世界史に大変造詣《ぞうけい》の深い人であった。私が話しかけなければすれ違っただけで終わった人、小さな市で近くに住んでいたとて、一生会うことはなかったかもしれない人だ。歩いて一〇分未満の距離に住んでいるご近所さんに地球の反対側のパラグアイで遇おうとは……この奇遇をどう説明すればよいのか。

お互いもう一〇年来の友だちのような打ち解けた気持ちになっていた。その夜の夕食はもちろん、朝晩の日本食の食事ごとに出会い、さらには日本人経営のカラオケにまで誘われ、ここはいったいパラグアイか日本か、と混乱するほどの二日間であった。

もう一つの出会いはアルゼンチンはコルドバ市でのこと。その日のホテルを決めてチェック・インしてすぐに妻が現地のロータリー・クラブの事務局を調べて電話をした。「翌日の例会に出席して日本のクラブのメイク・アップ（埋め合わせ）をしたい」と。妻は自分で行くつもりであったが、その日、ロータリアンの一男性から「明日、早めにお迎えに行きます」という電話があった。日本人は多分訪れたことなどないコルドバ市の一ロータリー・クラブだ。遠来の見知らぬロータリアン、しかも女性からの申し込みに興味津々だったのだろう。

当日は雨だった。約束の時間より早く、ホテルのロビーにバリッとした服装の紳士が現れた。

「A・Oさんですか。初めまして。私、カマニーと申します。お迎えに来ました」

「Ayaです。わざわざお迎えありがとうございます」と丁重に挨拶を交わし、一緒にでかけようとすると、「ご主人はどうされました？　ご一緒にご案内したいのですが」。

「彼はホテルで待つと言っていますが」

「いや、ご主人もぜひどうぞ」とカマニー氏。

「ありがとうございます。お待ちくださざい、呼んできますから」

彼は夫婦で入会しているものと思ったに違いない。妻は急に部屋に戻ってきて、

「アナタハンも行くことになったぞよ！　早く準備して！」と興奮した面持ちで叫んだ。

仕方がない。海外は夫婦同伴が慣わしだから……と大慌てで髭を剃り服を身に纏《まと》い、ロビーにかけ下りた。カマニー氏は会場までの道中も案内してくれた。

会場は競馬クラブ専用の重厚な趣きのあるホテルだった。一一六人のクラブということだったが当日の出席者は七十余人、ここでも大層な歓迎を受けた。カマニー氏は

会では古参の実力者らしく、現役員に耳打ちし、我々の歓迎プログラムが決まったようだった。規定の報告の後、我々二人の名が呼ばれて壇上に。

ここでは珍しい遠来の日本女性ロータリアンとその夫、ということで全会員の注目を浴びたようだった。心臓が強い妻は、英語の挨拶に交えてスペイン語の殺し文句「メ・グスタ・ムーチョ・アルヘンティーナ・ムーチャス・グラッシアス！」とやり、拍手喝采を受けて私にマイクをくれた。私は短く「私はアコンカグアに登りたいと思っています。今日はどうもありがとう！」と。またまた拍手をもらった。アコンカグアはコルドバ近くの町、メンドーサから登る有名な山だからだ。簡単な挨拶言葉のスペイン語は席に座っている間に暗記しておいた。わざわざ迎えにまで来てくれたカマニー氏の配慮だろうか、毎回抽選の結果当たるシャンパンが我々に当たったことにして贈呈された。彼に迎えて旅先で楽しい一日を過ごせたことに感謝した。

今回の南米の旅での出会いはまだまだあるが、ここに紹介した出会いから得た収穫は、「若い時の苦労や努力は報われる」手本を見たこと、千載一遇のような奇遇を体験したこと、日本女性のロータリアンがアルゼンチンでどのような歓迎を受けるかを体験したことだった。パラグアイ移民の人々が、海外で努力の成果を積み上げ、日本人として国際貢献し、一つの文化を守っている実績は大きな評価に値するはずである。アスンシオンのT氏との奇遇では出会いの不思議を思った。同じ市内に住んでいたとておそらく遇うことも話す機会もなく一生を終わる多くの人たちがいる。その一人に地球の反対側の一角で出会って二夜を共にしたのはよほどのご縁であろう。旅先のロータリー・クラブでの立派な紳士の出迎え、クラブ会場での歓迎演出や贈り物などの配慮は想像さえしなかった。

妙なるかな、人生の出会い。そして行動こそが心の豊かさをもたらす素敵な出会いを招く、と心底実感した旅だった。

（律昭／パラグアイ／二〇〇四年）

## プラハのグラス屋　――「六個代払って四個残したら？」

アメリカ駐在を終わっての旅でプラハに立ち寄って以来一〇年になる。一九九三年一月のあの時がバックパック・スタイルの旅（リュックに何もかも詰めて背負って歩く個人旅行）の事始めで、プラハは七か国の主要都市を駆け足で通過したうちの一つであった。何の案内書もなく現地で買った地図を頼りに、空港から市内に、そしてヴァーツラフ広場の一角に宿をとった。今回の夫婦東欧の旅でも、華やかでいてシックな感じの街の情景に魅せられて、最初に立ち寄った。街はきれいになったが大きくは変わっていない。カレル橋に至る迷路は相変わらずごみごみしていて賑やかであった。ちょうど、プラハ・マラソンの行われた日で、ヨーロッパ各国から人が集まっており、旧市庁舎前が終着点、お上りさんいっぱいの混雑ぶりであった。

ぶらぶらと店を冷やかしているうち、とある一軒の店で、チェコ・グラスが気に入った。ビール用にちょうどよい形、大きさ、軽さで、彫刻が美しい。店員は六個セットでないと売らないと言う。半端は売れ残ってしまうから当然だろう。が旅の途中であり持ち回ることは大変だ。
「二つ欲しい、荷物になるから」と尋ねた。
「そうですか。それなら二つ持ち帰って四つを店に残してくれれば、あなた方のことをいつまでも思い出します」と。なるほど……。

嫌味ではなくとてもフレンドリーに聞こえた。素晴らしいアイデアだと感心はしたが支払うのはこちらだからそこを切り上げた。とっさの冗談とも本気ともつかぬやり取りに、チェコ人の気持ちの余裕とプライドが感ぜられ、眼先のことしか考えない日本人の一人として、余韻の残る言葉だった。

思い出すことがある。還暦を過ぎた熟年夫婦をオハイオの家に招き、アメリカ西部から東部へと広範囲にわたって案内をしたことがある。外食をするときには「アメリカでは一皿の量が多いから食べ切れん、半分で充分だ」と言って夫婦で一人前しか注文しなかった。外食のたびごとにそうだった。アメリカを去る前夜、世話になったお礼、という名目のレストラン招待があったが私ども夫婦に対しても一人前であった。一人前を二人で分けていただくご招待は初めてであった。気持ちに余裕がなかったのか、自分たちの慣習に従ったのか。

ところで、プラハのグラス屋に立ち寄ったこの日、夜行でポーランドのクラクフに向かい、列車内で集団スリに持ち金のほぼ全てをもぎ取られてしまったのだ。なくす運命にあったお金、あの時チェコ・グラスを買っていたなら、それは今も我々のビール・タイムを豊かにしてくれていただろう。あの店員さんにも一生我々を思い出していただけたものを……きめ細かな彫刻を施した深いワイン・カラーのグラスだった。手にし損ねたグラスは永遠に美しい。

（律昭／チェコ・リパブリック／二〇〇三年）

## 薄氷を踏んだビザ・カードの旅

旅先で価格を聞いた時「ＶＩＳＡ・カードが払ってくれるのだから心配しないで！」と冗談を言われるほど旅とクレディット・カード（以後カード）は切り離せない時代である。夫が成田空港で財布をなくした。アメリカのカードと住友のカード入り。飛行機に乗ってすぐ気づき、フライト・アテンダントに話した。先にアメリカに来ていた妻の私に紛失の連絡とカードのストップを指示したい、と。アテンダントはすぐにアトランタ空港のデルタ・エアライン・オフィスへテレタイプしてくれ、そのオフィスの係員が私に電話をくれた。ここまでは非常にスピーディーであった。

アメリカのカードは夫婦同番号で三〇日間ブロック（失効ではなく、その間お金の引き落としをしないこと。本人が家の中で紛失することもあり得るので）できる。五分で手続き完了。住友のカードはブロックできず失効だけ。夫婦別番号であり、東欧への旅に出かけるのでカードの必要性を強調、当然のことだが夫のカードをキャンセルし、私のは失効しないことをカード紛失デスクの係員と確認しあい、紛失時の事情聴取等で三〇分はかかった。

さて、ドイツでそのカードが効かない。何度か不愉快な問答のあげく列車に遅れるなど、旅の予定も狂いだし、ミュンヘンから住友カード紛失デスクへ電話した。なんと、早急にキャンセルすべき紛失カードは生きていて、失効されては困る私のカードを失効させていたのだ。夫のとっさの判断と対処も、フライト・アテンダントの速やかで適切な行動も、飛行機から地上係員へ、そして私への連繋プレイも長電話の聴取もすべて無に帰し、ドイツに着いた時にはすでに私のカードは使えなかったのだ。紛失カードは生きていて……こんな幼稚なミスは想像さえできなかった。

うっかりミスならば人間的ミスとしてまだ許せるが、後日その係員の上司から聞いた理由に驚いた。「たいていの家庭で夫が主会員、妻が家族会員だから」と考えて妻の番号を失効させたというのだ。紛失者、紛失時の状況等を確認して受理した紛失届よりも、自分のアタマの古い〝常識〟に従って勝手に家族会員に当たる番号を失効させたのだそうだ。こんなことがあってよいものだろうか。一家に二、三枚カードがある時代だ。どちらが主でどちらが従でもなかろう。紛失届や事情聴取は何のためにあるのだ。紛失デスクの存在意義がない。

指示によりプラハからも電話した。泊まるホテルを知らせればどこかの銀行でビザ・カードが受け取れる手筈であったがそのような段取りにはなっていず、いつ繋がるともしれぬ電話に観光時間は減り、夫の眉間のしわは増えるばかり。住友側の対応が悪く、代わりのカードは当てにできないとわかった。アメリカなら訴訟ものだ。

ホテル代節約のためプラハからポーランドへは夜行列車を利用、国境を越えた夜明け方、疲れて眠ってしまい、集団スリに夫婦ともユーロ、米ドル、頼りの綱のトラベラーズ・チェック（ＴＣ）等、持ち金ほとんどを盗られた。夫婦が離れた席で眠っていたのでスリの気配に二人とも気付かなかったのだ。夫の腰バッグは鋭い刃物で切られ、パスポートも盗られたが、乗客がトイレで発見してくれた。

クラクフに着いて駅のホームに立っていた警察官と共にすぐに警察署へ。盗難証をもらわないとＴＣの再発行が得られないと思ったからだ。ところが大きな署に英語を話す人がいない。大学の英語講師が通訳として杖をついてやってくるという。なんと午前二時間、午後三時から八時までの五時間、計七時間かかってやっと簡単な事故証明書をいただけた。

また午前と午後の警察での待ち時間の合間にホテル探しをし、ホテルから日本の住友とロンドンのＴＣ紛失デスクと電話で話すのに優に二時間かかった。発展途上国は電話代がやたら高い。一回、一回の電話代を「何十ドル、何十ドル」と知らせてくれたホテルの受付係と「電話代がこんなに高いはずがない。あなたの間違いだろう」と大声で言い争った。有り金をほとんど失ってホテルに来て、事故処理電話が済んだらまた警察署に戻らなければならないという状況下で電話代へのあせりは極限気分をいや増した。もともと住友カード職員の非常識なミスから出たことなのだ。

午後は警察署で過ごした。「待ってくれ」だけしか言わぬ署員。何時まで、がない。たった一枚の盗難証をもらうのに日が暮れようとしている。待合室で夫が疲れた足をベンチに上げたら注意された。夕べほとんど眠っていない夫も私も疲労といらだちは最高、気分は最低で、出るのは溜め息ばかり。歴史のある美しいクラクフに来て、事故処理電話と警察署で過ごし、午後五時となった。「この旅は来ないほうがよかった。アウシュヴィッツには行かずに旅を切り上げてすぐ帰る」と言う夫のいらだち、疲れた様子を見てここでもついに声をはりあげた。

「もう盗難証は要りません、何日待てばいいのですか！」

すると、

「This is not Japan; this is Poland（ここは日本じゃないよ、ポーランドだ！）」

と、たまたま警察署を訪問してきた男が警察の人を代弁して言い放った。待たせることをさも誇らしげに。諦めて帰ろうとした時大学講師が来た。本当に杖をついて。

別室で事情聴取が始まった。コンピューターはなく、私たちが英語で話すことを大学の先生が若い青年警官に通訳し、彼が古いタイプに指一本でポーランド語で打ち込む。これまたいつ終わるともしれない気の遠くなる速度だ。夜八時を過ぎてやっと書類がもらえそうな見通しが立った頃通訳が話した。

「この国の今の問題は高い失業率、犯罪と英語。大きな組織にも英語を話す人がいず、話せば“Wait！（待ってくれ！）”だけ。昔は良かった。まだ移行期だからあなたがたも我慢してね」

残金はスリが見落とした夫のわずかなＴＣのみ。アウシュヴィッツは見逃すわけにはいかなかったが、そのあとのベルリンに飛ぶ予定はカードがないので無理と知り、またまた夜行列車でプラハに戻ることにした。以後は時間がかかるが費用の安い列車のみ利用、伝統的な食文化も最低限しか味わわず、始めのプランとは大違いの旅となったが、おかげで天国への入口のように美しいプラハを満喫した。

キャッシュをなくし、警察署員は英語を話さず、事故証明はなかなか作ってもらえなかったクラクフでのあせりは最高で、アクセサリーなどへ考えが及ばず、夫からのプレゼント、誕生石の指輪、ネックレス、イヤリングも盗られていた。プラハに戻って気分直しに服を着替えようとした時気づいたのだ。夫はサングラスも。しかし、クラクフの警察署で夕方となり我慢も限界の夫の表情とは対照的に、若い警察官が頬を紅潮させ古いタイプで、指一本で証明書を作ってくれた真剣な顔は一生忘れられないであろう。

事故処理のための長電話三か国から三回、計画のずれと時間的ロス、肉体的、精神的疲労、動揺、盗難届に七時間かけても保障はされない現金、見ることのできなかったいくつかの都市、と、損失は計り知れない。が、過ぎてみれば不思議なことに、苦労の多かった旅ほど思い出に残るものである。私たち夫婦ともバック・パッカー歴は長いが、それぞれが別のときより一緒のときのほうが事故率が高い。依存心が出て気が弛むためであろう。列車内で無防備に眠ってしまったこの旅は「熟年夫婦老化自覚の旅」となった。

ついでながら夫の財布は出てきた。アメリカのビザ・カードのブロックは簡単に解け、すぐにカードが使えた。日本のカード会社のこの混乱と対照的であった。ビザだけでなく、今は様々なクレディット・カードがある。カードを持って旅にお出かけの皆様、カード会社の過失キャンセルにくれぐれもご用心！

半年後ポーランドから二通の手紙が届いた。夜遅くの配達で、郵便局員が印鑑をくれという。再、再配達だ。「東欧からの手紙で、ハンコの必要な配達はほとんどないので気になって留守中何度も配達に来ました」と。それはポーランドの地方検察庁かららだった。内容証明つき。「さあ、ポーランド検察庁から何のお手紙かな？　犯人がつかまったのかな？　アクセサリーの一つでも出てきたのかな」といそいそと封を切ると……。

「捜査終了の決定書」であった。ご丁寧に二つも。あの時夫婦二人が別々の事故証明書をもらっていたので、それぞれへのありがたいご通告であった。

（彩子／ポーランド／二〇〇二年）

## ミス・チリの嘆き　――ミイラは招くアタカマ砂漠

南米チリの北方、サン・ペトロ・デ・アタカマはチリにおける最古の町、アタカマ砂漠にある。海抜二四〇〇メートルの不毛の荒地に人が集まり、お金が落ちる時代になったのである。自然にできた地形が月面のクレーターのように見えるので「月の砂漠」と呼ばれる。岩肌の表面を削って見れば岩塩の層が形成されている。この乾燥地帯に少女のミイラが発掘されてこの地が有名になった。髪黒々としたミイラで、博物館ではミス・チリと親しまれている。数十キロ周辺には岩塩湖、温泉、間欠泉群もあり、一躍世界中からの観光客を集めるに至った。私は異様な光景を期待してやってきた。

ところが、である。本当に観光的稀少価値があるだろうかと現地に来て感じた。山岳地帯ならさほど珍しくない風景のように思えた。ある写真家の山岳写真が月面に似ているということで宣伝に一役買い、観光業者が目をつけたのだろう。世界中からの観光客をさばき切れなくても、適当に対処し、儲け主義に徹し、お粗末極まりない対応が目立っていた。ホテルの応急的宿泊施設、旅行社のお客対応、砂漠なのにエアコンのないミニバス、埃だらけになる道、等にひきかえ、周辺の宿や食堂を含めて「お値段だけが先進国なみ」だった。ホテル「テランタイ」は一一五ドル（約一四〇〇〇円）、アメリカによくあるモーテルの三分の一の広さだった。ちなみに同じチリの中都市カラマで泊まった超高級ホテルが七〇ドルだったことで、ここがいかに高いかおわかりだろう。

地球観光に飽きてもう行くところのなくなったお客ならいざ知らず、宣伝に踊らされて、来てがっかりした客が多いのではなかろうか。現地の観光案内所でクレームの投書の多さに驚いた。それは「注意しろ！」「警告！」の行列だった。エゲツない商売をして儲けている会社や人たちを指摘した投書が溢れていた。

我々夫婦の場合、別行動で観光の申し込みをした。山岳系を選んだ私はホテルでのピック・アップを忘れられ、その日を一日棒に振ってしまった。約束の早朝四時に待機していたというのに。サンライズから始まり、この地の見所のほとんどを含む観光だった。会社の言い訳は「出発日を間違えていた」そして「明日どうですか」と。遠隔地からの旅行者にとって一日がいかに重要か。常識を逸脱した返事には開いた口がふさがらなかった。

ワイフのほうは時間通りに迎えに来た。砂の舞う砂漠を何度も歩かせるのがこの地の観光のやり方で、それは好みの問題だが、高い観光費に対する投資はミニバス代だけ、その車はエアコンのないバスで満員だった、と。窓際は直射日光を遮るカーテンもなく、強い太陽が当たりっぱなしで病気寸前の人が続出したと言っていた。

サンセット・ツアーも同様だった。小さな渓谷沿いを四〇分も歩かせたり、距離にして一〇〇メートル以上の小高い砂漠の山登りをさせたりした。寒く砂塵の舞うなかを三〇分は待たされたであろうか。入日もすぐに山陰に消えた。太陽を背にして山肌に映える残照も感動するほどのものではなかった。車は他の場所で待機しているだけ。この地の見所は限られた狭い地域であり、歩かせるのは時を稼ぐための手段のようだった。バスは歩かせるために連れていくだけ。目的次第ではこの地で歩くことは良いことであるが、歩きと歩きの間にちょっと運んでくれるだけの観光費にしてはめちゃくちゃ高い。客をバスにぎゅうぎゅう詰めにして暴利をむさぼっている会社が多く、お金を払うより貰いたいぐらいに思った人が多いようだった。

それにしても草木もない殺風景で岩漠だけの世界へ、なぜこうも世界中から人が来るのか。私には少女のミイラの霊が地域の活性化のために人々を招くのではないか、と思えた。彼女が育った時代の貧しさを人々に知ってもらいたくて。だが月の表面のような異次元的風景だけが強調されて、彼女たちのかつての生活事情は何も紹介されない。村のメイン・ストリートになっている土地でどんな暮しをしていたのであろうか。当時の生活を伝える工夫のない観光業者の暴利商法合戦をミイラたちは嘆いているに違いない。ミス・チリの額にケンが見られたのは気のせいだっただろうか。

（律昭／チリ／二〇〇四年）

## お化けホテルのエレベーター紳士

夫曰くの「南米、鼻の向くほうへ」の旅で、チリ最大の港町、バルパライソにやってきた。海辺の断層が形成した急斜面にびっしりと密集して建つ家並はカラフルで、つい歩みを誘われる美しさだが、最近ユネスコ世界遺産に登録されたという。アセンソールという一〇〇年も経つケーブルカーがあちこちの急斜面にあって庶民の足となっており、僅か一二〇ペソ（二〇円ほど）で眺めの良い丘の上に連れていってくれる。家々の壁に描かれた有名画家の壁画、青空美術館のあたりを歩いてみるのはとても楽しい。なにやら懐かしさを覚えるこの港町は新鮮な海鮮料理で夫の食欲もそそったので、この街に泊まることに決めた。

ガイドブックのホテル案内上位に記載されているPホテルに来た。入口から異様な臭いが気になったが、海鮮料理の街のせいだと思い、部屋を見せてもらうことにした。ビジネスビルの四階から六階までがこのホテルだという。エレベーターはリュックを持った人間一人がやっと乗れる広さ。階を示すボタンはないので客が自分で操作できない。上質のウールのスーツに蝶ネクタイの老紳士が目的のフロアで器用にハンドルを回転すると止まるのだ。その昔、この地に初めて現れたエレベーターではあるまいか。エレベーター内には丸い木の椅子があり、その上に新聞が置いてあった。この老紳士が一日過ごす仕事場なのだろう。入口に立つと紳士は出てきて手を差し伸べて私を乗せ、自分が乗り込み、ハンドルを握った。英語がしゃべれないらしく、口をきかないけれど、礼儀正しい老紳士だ。

各階のロビーは暗く、造花の飾りは二〇年も前からあったような茶褐色になっていた。かつては繁栄していたのか、廊下の両側に迷路のごとく部屋が続き、奇妙に静まり返っていた。使用されている形跡のない部屋がドアの隙間からいくつも見えた。どの部屋も廊下も煤けた茶色一色だ。使えそうな部屋もベッド・カバーは薄汚れ、隙間から垣間見た厨房には真っ黒の掃除モップや食器類がごちゃまぜに転がっていてぞっとした。「ここでは何も食べられないぞ!」暗く陰気なこのホテルで、数人の女性たちが薄汚れたユニフォームを着て廊下を掃除していた。掃除の効果が全くみられないのは建物が古すぎるせいか、この人たちが掃除の仕方を知らないからか。

六〇三号室という指示だった。案の定ベッド・カバーはべとつく感じだ。だが洗面所は明るく、浴槽は新しく、ノールウェイやチェコで出会った睡蓮型の立派なものだ。洗面所が清潔なら一晩なら我慢できると思えてきた。疲れて早くホテルに落ち着きたがっている夫のことを考えて。

チェック・インしてベッドに寝転んだ。だがランプのシェードは破れ、天井も壁も長い時の経過を示している。落ち着けない暗さ、汚さに、二人とも口数が少ない。とその時、受付の女が「プロブレマ！」と叫んで上がってきた。予約があった部屋のようだった。そして、知っている唯一の英語「ルック・ルック！」を連発しては次々と部屋を見せ、チェンジを勧めるのだった。が、どの部屋もどの部屋も同様の陰気さで、おまけに洗面所も暗かった。せっかくチェック・インしたのだからと一部屋に入ったが、リュック・サックを開く気にもならなかった。ほどなく夫があることに気づいた。

「エレベーターが自分で操作できないと、この部屋は空中の無人島だぞ。何かあっても逃げられない。悪いけどキャンセルして他のホテルに行こう！」

私も恐怖を感じ、受付に下りようと六階のエレベーターの前に立った。ベルを押してもエレベーターは上がってくる気配がない。真っ暗な洞穴に金属のロープが二、三本、ぐらりぐらりと揺れているだけ。人の気配のない暗いロビーで一人、真っ暗な洞穴と揺れるロープを見つめていると、お化け屋敷にいるような気分になってくる。エレベーターは自分で操作できないばかりか必要な時に来もしないのだった。

部屋に戻り、夫に「エレベーターが来ないよー！」と叫んだ。最悪の事態早や到来だ。夫も私も急いで重いリュック・サックを引っ担ぎ、階段を探した。見つけて四階まで駆け下りたが、階段はそこで終わりだった。その下はホテルではなく雑居ビルだ。パニック状態に近い表情で夫は階段を探しまわっている。私は、ままよ、とまた四階でエレベーターの前に立ち、ベルを押した。

　エレベーターは上がってきた。先ほどの老紳士がにこやかに出てきて手を差し出し、私を乗せ、自分も乗り、ハンドルを握った。一階に着くと自分が先に降り、手を差し出して私を降ろした。何事もなかったような爽やかな笑顔。夫がドタドタと音を立て、やっと見つけた階段を下りてきた。エレベーターに乗るときはいつも先、降りるのもさっさと先に降りる我が夫とは比較にならないマナーの紳士さん。老いたとはいえ、エレベーター・マンになったとはいえ、ピシッとスーツで決めて一人でこの、おそらくバルパライソ最古のホテルを背負っている。

「紳士さん、優しくしていただいたのに出て行きます。貴方の親切に応えられなくてごめんなさい。貴方のせいではないのですよ。ホテルが古すぎて怖くなっただけなんです。あなたはこのホテルができた時、マネージャーだったのね。だからこのホテルと繋がっていたいのね。お化けが出そうなほど古くなっても、マネージャー室ではなく狭いエレベーターが貴方のお城になっても。この港町で多分一番にできたピカピカのホテルで、さぞ忙しく、生き生きと従業員をまとめていらしたのでしょう。お客と笑顔の交換を楽しむ日々があったでしょう。そのプライドがお顔にもマナーにも表れていますよ」

「貴方にお礼も言わないで出て行くの、許してくださいね。貴方のエレベーターは快適でした。お客が次々出て行っても、どうか悲しまないでくださいね。貴方のマナーにはみんな感動したと思います。一晩泊まって貴方の話を聞きたかったけれど、残念です。貴方を悲しませること、許してくださいね。このホテルが最後の時を迎えるまでここにいるのでしょう、紳士さん。ご多幸を祈ります」

私は港の全貌が見晴らせるアスレンソンの丘に登り、お化けホテルの方角を見下ろして老エレベーター紳士に語り続けた。返し損なった微笑みを惜しみなく湛《たた》えて。

（彩子／チリ／二〇〇四年）

## 言葉がだめでも飛び出せます、高齢者様

旅を重ねていると同年輩と思われる人々に旅先でよく出会う。ボリビア・ペルーの旅では二組の夫婦連れに会って、夫々の旅に対する旅哲学を聞くことができたので紹介しよう。

日本人の夫とスイス人の妻、若い頃イギリスで出会って結婚し三十数年になる旅のベテラン夫妻である。現在は夫人の出身国スイスでの暮らし。早めの五七歳で退職し、寒いスイスの冬は避けて暖かい諸外国を巡る。現在夫は六四歳、元気に四か月南米の旅を続けている。

南米の前はインドだった。スイスから自家用車で数か国を経由して行ったのだから、日本では考えられない発想だ。精神力、体力ともに充実した定年後の生活がしのばれる。ヨーロッパでの暮らしが長いので多くの言葉は操れるし、旅の真髄である楽しさは人一倍味わっているようだった。子どもがないことから、若い時から計画的に貯蓄

し、老後の旅を楽しみに生きてきたそうだ。ヨーロッパ内では物価の高いスイスゆえ、生活費も嵩むが、所得もそれなりにあったのだろう。スイス・フランは世界水準からして貨幣価値が高いはず、旅を楽しむには遣い甲斐があるのだろう。

彼の旅のノウハウだが、宿は二つ星程度で室内にトイレ、シャワーのあることが前提。高齢者の夫婦連れなら当然だろう。相部屋の安宿には泊まらない。食事は一日のうち昼食が主体だ。たまにはアルコールやステーキ類も楽しむ。朝と夜は質素にパンその他、スーパーなどから仕入れた食料で過ごす。観光地に来たら市内はバスや自分の足で、近郊は現地のツアーを使って経済的な旅をする。ブエノス・アイレスに行く時はスイスでレンタカーを予約して利用したそうだが、そのように事前に準備する時もあるが大抵は現地入りしてから臨機応変に重点主義でゆったり巡る。今回のように四か月の旅ともなるとじっくりあせらず見聞するという。

さてもう一組は七〇代前半の日本人夫婦、マチュピチュの遺跡群を眺めながら一服していた。開口一番「私たち外国語は全然できません」と誇らしげに語ったことが印象に残っている。外国語がだめでも個人旅行はできるということを強調したのだろう。

かつて私はチリの南端プンタ・アレーナスのレストランで発声障害の青年に会ったことがあるので驚きはしなかった。夫は寺の住職、子どもはいないそうだが寺を長期留守にすることが最大の難問とか。多少の問題があってこそ、そのやりくりの結果楽しみが倍化するのではなかろうか。今は旅行したいという意志さえあればどこにでも行ける時代だ。「年寄りがいる」「お金がない」と行動しない理由を並べる人は、旅行でも他の活動でもやらない言い訳が先に立つ人たちが多い。

住職夫婦は行きたいところを旅行会社に伝え、会社が具体的な日程を組み、個人ツアーを仕立て上げた旅行であった。旅行会社が全部お膳立てしてしてくれるのである。ペルーのクスコでも、外国語はしゃべれないという若い日本人にあった。ペルーの観光地は行く先々でホテルからのバス送迎がついているので不安が少ない。個人旅行として組んでもらった旅程が日本からの団体ツアーとあまり変わりがないのだ。不安といえば飛行機が大きく遅れたり欠航したりした時にホテルまでの行程を心配することだろうか。今は観光システムが行き届いているところが多いので心配せずとも行ける。団体ツアーでは自由が少なく、買い物時間は長く、空港や各所での待ち時間も多くて、むしろ不便であったり高価についたりするだろう。

私の今までの旅はどちらの例にも該当せず、自由奔放かつなるべく多く見たいという駆け足の旅だった。だが年齢とともに行動本意の旅から、気に入った要所で腰を据えて休む、休養と思考を重視する旅にしようと思うようになった。前者のスイス夫婦の旅の長所を採用しようと考えている。

（律昭／ペルー／二〇〇四年）

# ヌーディスト・ビーチは理想郷？

パースの小さな街でジョアンに出会った。「エリマキトカゲが見たいんだけど」と言った私に、ジョアンは「未来への小道にいるわ。行きましょう。ついでに素敵なところへ案内してあげる。あなたの未来のコミュニティーへ！」

小道の名前に惹かれて私はついていった。緑の葉のアーチの下、柔らかな日差しが顔に注ぎ、鳥たちのシンフォニーがこだまして波の音が聞こえる小道だった。本当に一匹のエリマキトカゲが「ようこそワンダーランドへ！」と襟巻きを広げてくれた。

未来への小道からジョアンの誘導でビーチを見晴らせる低い崖に着くと、眼下には砂浜を静かに引いていく波が見え、海辺へ近づく波は青から白へ、そして金色へと色を変えていき、遠くには岩を打ち砕く波の音。私は木陰で海からのお届けもののそよ風を胸いっぱい吸って海を見下ろした。

「ここを歩くならヌードにならなきゃね」とジョアンが言った。驚く私に「無理ならちょっとだけしか歩けないわよ。この大自然の中ではヌードでいるのが自然だと貴女もそのうちわかるわ」

遠くにバレーボールをしている人たちを見つけた。二人三脚をしている人たちもいた。老いも若きも大人も子どもも男も女もみんな裸。一方では四人家族がランチをとっていた。子どもは中学生と小学生ぐらいに見えた。「裸で食べている姿もここでは違和感がないでしょう」とジョアンは言った。「自然なことですもの。当たり前だと思えば本当に当たり前のことなんですよ」

ジョアンは私を置いて立ち上がり歩き始めた。彼女のほうへ歩いてくる人がいた。彼らはジョアンに微笑み、挨拶をしたようだ。ジョアンも挨拶を返しているふうだった。彼女はビーチを歩き続けた。ジョアンの足にも温かい陽射しが注いでいた。ジョアンの歩く先に一組の若い親が裸で抱き合っていた。その周りで彼らの小さい子どもが走り回っていた。両親の間を潜り抜けたりかくれんぼをしたり。家族全員が太陽の下で裸で無邪気に過ごしているのはとても印象的なものだった。別のところで裸のお母さんが気持ち良さそうに寝転がって本を読んでいた。彼女の子どもたち、男の子と女の子が海辺の真っ白い砂で遊んでいた。その子たちは天使に見えた。

「あの子たちは本当にエンジェルに見えたでしょう。ここの風景は本物の美以外の何ものでもないんですよ。みんながリラックスし、みんなが幸せで、他の人に話をしたくなるところなんですよ、ヌーディスト・ビーチは」

と戻ってきたジョアンが言った。ジョアンの言う言葉が次第に説得力を帯びてきた。

「砂浜からもっと開けたところに出ると更に多くの人たちがいかにも自由におしゃべりし、笑い、楽しんでいるのが見られるのよ。ここの人たちは離れては座らないんですよ。多くの人と一緒に過ごしたいと思うんですよ」


二人の若い男性がヌーディスト・ビーチの終点の、私のいるほうへ歩いてきた。どぎまぎする私にジョアンは「誰もここではシャイである必要がないんですよ。なぜって、私たちは自分自身でいられるからです。生まれた時は私たちは裸だったでしょ？　そしてここでは今も何も着ないのですよ。水着を着てくれば後になってきっと何も着ないほうがずっと自然だったと思うようになるんです。ここで見ることは全く自然で美しいと思いませんか？　どんな制約からも解放されてくるのですよ」

美しい自然の中にいれば自然に帰りたいと思うようになるものであろう。日本で起こり得るとは想像に難いが、この地上に自然のままでいられる場所があることは素晴らしいことと思えてきた。

「ここにはプレッシャーがありません。騒音はコロコロというこおろぎや木の枝で合唱する蛙の鳴き声だけ。深い瑠璃色の空の下、涼しい木陰、透明な海、白い波、木の葉のささやきや鳥のコーラスを聴きながら、生まれたままの姿で理想社会を語るのは素晴らしいことと思いませんか。ここではみんな平等ですよ。私はここではこの世のすべての束縛から解き放たれて完全に自由の身になります。ここは理想の地、パラダイスなんですよ」とその後もジョアンは手紙で語り続けた。

今日もまたジョアンは未来への小道を通ってあのビーチに着き、自縛はもとより、すべての制約から完全に解き放たれ、のびのびと歩き回り、心地よく疲れ、太陽の燦々と降り注ぐ白い布団のような砂丘に横たわっていることだろう。そのスピリットは今もあの海辺や雲の上を悠々と漂っているに違いない。

（彩子／オーストラリア／二〇〇〇年）

## 松茸と温泉三昧、ドライブの旅

学生時代の友と車でコロラドに出かけた。彼は海外の団体旅行は経験しているが、個人の長旅は初めて。久方振りに彼と会い行動を共にした。かつては偉かったのかその片鱗を見せるが、安いモーテルを好むあたり経済観念は発達している。手持ち無沙汰の時は、一日CNNのニュースを見てストックと為替を気にしている。外貨預金でもしているのだろう。公務員として今まで石橋を叩いて渡った人生、アメリカ、ドライブの旅に馴染むかどうか、ちと心配になった。

オハイオ州、シンシナティを出発してコロラド州デンバーまで片道二〇〇〇キロ、更に見所を周遊させてやることにしたので計七〇〇〇キロ強走行した。九つの州を通過、宿も予約せずすべてぶっつけの旅で正味一〇日間、諸経費は一人六〇〇ドル強と割安にあげた。

デンバーでは松茸狩りに行き、二人で八〇本採れた。若い頃、秋にはよく山にキノコ採りに行ったが、その時の記憶が甦った。ドンドン歩いても見つからなかったが、見つけた時のあの興奮と触った感触は忘れられない。今回は時期がぴったりであったのと探し場所が適切だったのだろう。幸運の一語に尽きた。お互い童心に返って興奮状態を味わったが、彼にとっては初体験であり、口下手ながらその表情が喜びを語っていた。

温泉巡りは近年私の旅のテーマにしている。彼にはコロラド州で三か所、いずれも一昨年体験したところを案内した。彼はその中の硫黄温泉、ホット・サルファー・スプリングが特に気に入った。ここは以前来た時より改善されており、一〇個浴槽が設けられ、それぞれに特徴を持たせていた。最高四四度から、ジャクジー付きや閑静エリア、プライベート、打たせ湯、室内外の大小のプールなど多様化されていて、衛生、安全上でも整備されていた。以前妻と来た時は誰もいない素朴な湯で貸し切り同然だったので、日本の温泉のように裸で入ったが、今回はそれができなかった。

朝から風呂の中で二人でビールを飲んだのは、ヌーディスト温泉、ヴァレイ・ヴュー・ホットスプリング。みんな屈託のない真っ裸、これが屋外で大自然を背景にしての入浴風景だから、私の旅のテーマにふさわしかった。新しくワニタ温泉も訪ねたがあいにくその日は開いていず残念だった。牧場の中にあるので乗馬もできそうだったが。

これもコロラドだが、渓谷に架かった世界一の高さを誇るロイヤル・ゴージのつり橋をバリバリ音を立てながら車で渡った。その下に流れる川と線路はカメラで覗いたように遠くて小さく見える。高度三八〇〇メートルに位置する有名なロッキー・マウンテンの景観はあいにくの雨、山頂付近のドライブウェイは霧に包まれ、景色どころか運転するのがやっとの状態であった。少し下ったら下界は晴れだった。グランド・レイクではコッテージに宿泊、食事をしながら見た海抜二八〇〇メートルにある雄大な湖の眺めは、いつ来ても神秘の世界で幽寂無比、魅了させられた。

コロラド州を離れて一般的に知られているマウント・ラシュモアも再訪したが、あまりにも観光化されていて驚いた。入口周辺がコンクリートの近代建築に変わっていた。散策する道もぴかぴかで味気ない。サウス・ダコタは貧乏州だから観光にテコ入れしたのだろう。「未知との遭遇」の撮影で有名になったデビルズ・タワーでは相変わらず冒険野郎がロープ一本で絶壁の岩山を登っていた。この岩登りは観光客と緊張感を分け合うことに貢献している。

帰路はフリー・ウェイ九〇号を東に、途中バッド・ランド国立公園に立ち寄った。何億年前、草原に地盤変動で断層ができ、水の浸食で異様な地形を形成している地域が一〇キロは続く。グランド・キャニオン、ブライス・ナショナル・パークやパウエル湖の中に立つ岩石に似た地形だ。セントルイスにも立ち寄った。開拓時代、ニュー・オーリーンズから船でミシシッピー河を溯上し、セントルイスで下船、ここから西へ西へとオレゴンに向かって、土地の分捕り合戦が始まったという。今は円弧状のゲート・ウェイ（高さ一五〇メートル）の頂点から見るパノラマ風景が良い。この街にはきれいな日本庭園もある。

この旅で彼は団体旅行では知り得なかったアメリカの状況を知り、刺激になり、知識も一変したことだろう。彼が団体で訪れたニューヨークやロス・アンジェルスの観光バスの窓からの眺めと、今回のコロラド周辺がいかに違うかや、アメリカの広大さもわかったことだろう。中部アメリカを斜めに横断し、各地の自然や地形の相違、食文化もその舌で味わってもらった。これほど盛りだくさんのドライブの旅はそうそうできるものではない。

長時間ドライブには自信がある。フロリダ州のタンパからキーウエストまで一泊で往復したこともある。八時間の連続運転は初記録だった。その後も全米を自家用車やレンタカーで走った。長距離、難度等、緊張の必要な運転の最高記録はメキシコ・シティーからモンテレーまで約一〇〇〇キロメートルをツル（日産サニー車）で走った時。引越しのため精いっぱい荷物を積み、後ろのウィンドウが見えず、そのうえ途中の原野でパンクした。頻繁に発生する強盗に怯えながら修理し走行を続けたが、パンク修理中にパートカーに逢わなくて幸いだった。彼等はしばしば強盗に早変わりし、車ごと強奪され、見知らぬ土地や山中に裸で投げ出されても不思議ではないと聞いていた。朝六時半と出発が早かったので夕方には到着したが三分の一は普通道路、我ながらよく運転したものだ。

アメリカに住むようになって足掛け一一年、その間四〇州に渡って運転し、主な都市や名だたる観光地には行ったと思う。私なりにアメリカの観どころについて言えば、マンハッタンの最先端文明と国立公園に観る大自然の驚異的景観に特に魅力を感ずる。ただ高速道路を走っていたのでは何も得るところがないが田舎道にはアメリカらしい映画的な風情がある。のんびり行けるドライブの旅は要所で歴史を学ぶことができて楽しい。

学生時代以来四五年ぶりに会い今回案内したこの友人には、アメリカの魅力を十二分に紹介したつもりである。典型的な官僚として生きてきた彼も、松茸と温泉三昧のこのユニークなドライブの旅には大変喜び、「こんな旅はそうそうできるものではない」と言った。ホテルやレストランでちょっとした不都合が生じた時、「料金を負けてもらってくれ！」と必ずせかすのには参ったが。

（律昭／アメリカ／二〇〇〇年）

## 出会いに彩られたヒースの丘

限りなく多様な緑色のベルベットに覆われた三つのランド、アイルランド、スコットランド、イングランドに私は深く心を奪われた。中でもエディンバラ郊外で私を迎えてくれたダブル・レインボーのアーチ、ウィトビーで窓外に連なって通り過ぎた、ピンク色の山々、そしてヒースの花のような爽やかな出合いは私の心のスクリーンに刻み込まれ、消え去ることはないであろう。

### グレンコー〈Glencoe〉――雨の中の出会い

一六八八年の革命の後、王はジェームズⅡ世からウィリアムⅢ世に変わった。事典によると、ウィリアム王への忠誠所信は一六九二年の一月一日までに受け入れられることとなり、グレンコーのマクドナルド一族を除き全部族の長が宣誓にやってきた。マクドナルド族は期限に五日遅れた。ウィリアムは「罰を与えよ」とだけ命令、だが秘書はグレンコーの人々を嫌っており、見せしめを作ることが重要と考えた。王は秘書の書いた手紙を読まずに署名し、残酷な命令はキャンベル族によって執行された。

族長と三七人のマクドナルド族、男三三人、女二人と二人の子どもまでが虐殺されたのだった。

グレンコーはスコットランドの中でもひときわ美しい山峡である。バラシューリッシュのバス停に暫く立っていた私に、その日バスがグレンコーには行かない直感が走った。私は歩き始めた。背には重いリュックを背負い、レインコートはリュックを被い、カメラとバッグは首から胸へぶら下げ、左手にはガイドブック、とソルジャーのいでたちだ。鉄砲雨が地面を叩き打つ。靴に水が入って気持ち悪い。七月というのにとても寒い。雨は時々あがるがすぐにまた激しくなる。「けどそれがどうしたっていうの?」。

土砂降りの雨に骨の髄まで濡れそぼり、キャンベル族を迎えようとしているグレンコーの人々に思いを馳せた。今この峡谷は湖の向こうの山々もアザミの丘も土砂降りの雨の下、むせび泣く女性のように肩を震わせ、湖を巡る道も涙川となって沈黙している。

打ちつける雨はもはや脅威ではなくなった。靴が完全に水浸しでもはや水溜りを避ける必要がなくなったからである。全身ずぶ濡れの私は雨を楽しいとさえ感じ始めた。

私は自分の小隊に一列縦隊で行進する兵士のように歩いている。だがまわりに兵士は一人もいないのだ。兵士どころか、美しいグレンコーに人一人歩いていないことに気がついた。「いったいどうしたこと？　今はグレンコー大虐殺の直後ではないかしら？」。

断続的な雨の合間に見るグレンコーは現実とは思えない美しさ。私は小さな店の看板を見つけ、一杯のイングリッシュ・ティーを啜《すす》った。ヒースのブローチを求め、店主と一言二言言葉を交わした。グレンコーの女性に遭えたことを喜びながら。

なおも断続する雨の中、私はバラシューリッシュのバス停に戻ることにした。帰り道では牧草地から二頭の人懐っこい山羊が私に近づいた。二頭とも黒い耳とカールした角がある。「あなたたち、なんて可愛いの！」二頭は私の目を見入る。私も彼らを見つめる。広い野原で二匹と一人のご挨拶。

バス停に戻ったら妙齢の女性が話しかけてきた。「バスはちょうど行ってしまいましたよ。五分ほど前ですよ！」ああ、山羊ちゃんたちと心からの挨拶を交わしてるうちにバスは行ってしまったのだ。

女性は話し続けた。「私は時間が余って、余って……だから洗濯物を取り込んでいたんですよ。ここではお天気が変わりやすいので誰も干し物を取り込まないんですけどね」

「息子はあなたの国で英語を教えています。よかったらうちへお入りなさい。バスは今日あと一回だけ。おしゃべりできれば嬉しいわ。お国のこと聞かしてね。よかったら泊まってくださってもいいんですよ」

その婦人はとても優しくユーモアのセンスに満ち溢れていた。五分バスに遅れたおかげで彼女の親切に圧倒された。

## リーズ〈Leeds〉——駅長さんの部屋

ここイングランドでは往々にして列車の待ち時間のほうが列車の中にいる時間より長い。夜一〇時三二分以降リーズからヨークへ行く列車はない。リーズ駅で堂々たる体格の若い駅長さんが私のためにいくつかB&B(ベッドとブレック・ファスト、つまり朝食付き民宿)に電話してくれたが時間が遅いために全部断られた。彼は駅のゲスト・ルームに私を案内して言った。

「この冷蔵庫のものは何を飲んでもいいですよ。寝るのはこのソファーでどうぞ」

「私のためにかけてくださった電話代を払わせてください」と私。

「いや、イギリス鉄道払いです」と駅長は微笑んだ。そればかりか彼は構内の自動販売機でＴｗｉｘのチョコ・バーを買ってきて私に差し出した。感動のあまりそれを食べるどころではなく、眠ることもできず、私はそのチョコレートを握ってソファーに座っていた。

私は自分がどう見えるか気になった。特に長旅のせいで埃っぽくなった頭髪が。けれどもその心配は無用だった。彼は仕事で忙しく、部屋には二度と帰ってこなかったのだ。彼の代わりに若い四人家族が入ってきた。彼らも鉄道の接続が悪いため一晩ここで泊まることを余儀なくさせられたのだ。駅長さんは困った人を泊めるのにこの部屋を使っていたのだろう。

若妻が言った。「私たちはヨークに帰るところなの。ヨークはすぐそこなのにとても遠いわ」と、目の前なのに一晩待たねば帰れないことを嘆いた。彼女は自分たちの不運のすべてを時の首相のせいにした。

早朝のリーズ駅。美男で背が高く親切な駅長さんは私が寝ている間に交代していた。私はお礼を言うことができなかった。その時以来私はＴｗｉｘをイギリスのチョコと思い込んでいる。Ｔｗｉｘを見るたびこのリーズの駅長さんを思い出す。

## フォート・ウィリアム〈Fort William〉——草原の朝露

夜の一〇時以降にB&Bに着いたので風呂もシャワーも湯が出ない。だが翌朝の朝食が私の体と気分を温めた。ソーセージ二つ、ベーコン・エッグ、焼きトマト、何もかもジュージュー音を立てている。一般に宿泊費が安いほど朝食がよい。設備の悪さを良い食事と温かい心で埋め合わせている。その日は日曜日。B&Bの家族が教会に行くので早くさよならした。宿のまわりは見渡す限りの草原であった。

雨上がりの朝の草原
見渡す限りのれんげそう
「おはよう小さな花たち!」
赤い花も白い花も
洗われ目覚めて生き生きと
花びらの下に朝露を抱き
柔らかい太陽に無数の光のお返し
煌《きらめ》く草原

眩暈《めまい》のするような朝露の大海原を通り抜けようとたった一人で歩いている。朝露は薄い赤と白に染まっている。私は時々立ち止まり、しゃがんで女の子のように赤と白のれんげを摘み、誰もいない草原の真ん中で大きく背伸びをした。きらめく宝石が惜しみなくこぼれているスコットランドの朝。

## インヴァネスからエディンバラ——虹のアーチの下へ

私は大型バスの中だった。どこに行っても目がさめるほど緑が鮮やかなこのスコットランドの美しさは私の表現力に余る。この国のどこに行こうが日本のトップ・テンの風景ぐらい、いやもっと美しいと思い続ける。バスの中で目覚めるたび窓外の景色にはっとする。

エディンバラに近づいているバスの中で私が何回目かに目覚めると目の前に大きなダブル・レインボーのアーチが。バスはそのアーチに向かっているのだ。バスはアーチの下をぐんぐん走る。進んでも、進んでも、虹は目の前にある。走っても、走っても、虹はまだそこにある。より明るく、より色濃く、より鮮明に見えてくる。虹の一つの根元はうっすらと色がついた巨大で透明なシリンダーだ。そのシリンダーの中に村の住宅が輝き、燃えて、漂って輪郭を見せている。七色の虹の炎に包まれて。なんと素敵な童話の世界だ。私の目前にはその全部が見渡せる虹の弧が燃えて輝いている。その二重のアーチの下を女の子が縄跳びでもするように、バスは勢いよくくぐっていく。

## ヨーク〈York〉――「スコットランドの独立に乾杯！」

中世のウォールに囲まれたこの魅惑的な都市にやってきた朝まだき、私はシティー・ウォールに沿ってヨーク・ミンスターに向かった。ひと気のない道の端に二人の庭師（熟練の技師と入門者らしき若者）がひざまずき、小さな花を手に巨大な花絵画を直している。絵画を構成している花一本一本を鋭い目で吟味し、大変な注意力で次々と摘み上げては新しい花に取り替えている。あちこちにある花時計や絵画花壇が生きた芸術として保たれる秘密を私は今初めて学んだ。人々を幸せにする花の芸術は早朝の魔術師の真心で常時フレッシュに保たれているのだ。

まもなく私はヨーク・ミンスターの前に立っていた。なんと荘厳なこと。空は無数の尖塔で突き刺され、息を呑む構築物だ。早朝の柔らかい陽光のもとに堂々と建っている。ミンスターの中に入ると一段と畏怖を感じさせられた。私は打ちのめされ呼吸が止まるかのごとく感じた。五人姉妹と名づけられたステンド・グラスは大変穏やかな色調で優しげに輝いている。私は椅子の隅っこに座った。なんと心が癒されることか。私には今日までしてきたこと、これからやろうとしていること、そしてありとあらゆる心配や喜びなどが無意味に、むしろ馬鹿げたことに思えてきた。私の心はこの特別な場所に凍結し、私の体はここに永遠にいたいと欲した。

大変な努力で立ち上がり、信じ難い力で自分を引き戻そうとする建物から外へ出た。完成までに二五〇〇年かかったというこのヨーク・ミンスターにまた戻ってくることを誓って。イングランドの歴史がここ、ヨークに無傷で凝縮し残されている。王家の城もここにあった。城壁は中世に建てられ、通りは今もゲートと呼ばれ、ザ・シャンブルスの雰囲気や小さな石畳のゲートは今なお中世そのものである。

イングランドのタイム・トンネルを永遠に歩きたいと思いながらぶらついていると誰かが自分の名を呼んだ。おかしい、一人旅なのに。

「エキスキュース・ミー・ミズ・オガワ……」と呼ぶ声は若い男性だった。彼は追いついてきて、

「僕はちょっと前ツーリスト・オフィスにいました。あなたが旅館の予約を頼む時、名前を伝えるのを聞きました。以前ノリコ・オガワのピアノ・コンサートに行ったこ

とがあるのですが素晴らしいコンサートでした。もしやあなたは彼女の親戚ではないかと思って」

「いいえ、残念ながらオガワ・ノリコは知りません。私はただの旅人です」

「いいんですよ。僕スコット、ヨーク大の学生で政治学専攻です。今夜とても古いパブにご招待したいのですが」

「面白そうね。友だちからイングランドのパブにはぜひ行くように勧められていたんですが今まで一度も行くチャンスがなかったんですよ。いい機会かもしれないわね。でも貴方とお国の政治について話したいとは思わないんだけど」

私がこう言ったのは彼がイギリス人だと思ったからだ。彼の目はその瞬間チカッと光を発した。

パブは素敵だった。スコットはグラス一杯のビールをご馳走してくれたので私も同様にした。このたった二杯のビールでスコットはしゃべり続けた。彼はスコットランドのエディンバラ出身、イギリスの政治も政治家も嫌いだった。それがその日の昼間、私のコメントに彼の目が光った理由だった。彼が熱心に語ったことはスコットランドの独立だった。彼はスコットランドの偉大な詩人について、スコットランド人の悲哀について、多くの政治家について語った。マーガレット・サッチャーがいかにヒットラーよりも恐ろしい独裁者であったかについて、またどうやって世界平和をもたらすかについて口角泡を飛ばした。

私はスコットランドの独立よりスコットが大変きれいな英語を話すことに感銘を受けた。私が彼の言語について言及するとスコットは言った。

「両親はそう高い教育は受けてないけれど、とてもきれいな言葉を話します。母はよく『言葉は楽器です。美しくなければいけません』と言ったものです」

会話が盛り上がり、スコットは、

「僕はスコットランドの独立のため、世界平和のために戦います」

と宣言した。私には実際スコットランドの独立の是非がわからなかったが、

「偉いわ、スコット、頑張って！」

と言うしかなかった。

翌朝私はまたミンスターへ。訪れるほどに一層惹きつけられ、いよいよもって今までの人生が、今の生活が無意味に思えてくるのだった。ここで死ねたら幸せだろうな、とさえ思えてきた。一歩踏み入れると人生観が変わる場所であった。今日もまた去るのに大変な努力を要したがやっと私は出口に向かった。重々しいオルガンの聖歌に後

ろ髪を引かれながら。明るい外に出て、私はウォールの上を歩いてみることにした。

ウォールのてっぺんは歩道になっていて、そこからヨークの街を見下ろせる。この道を二、三時間で回って戻ってくることができる。ヨークの町と大寺院、ヨーク・ミンスターをいろんな角度から楽しみながら。そのスカイ・ウォークのどこにいてもヨークのシンボル、ミンスターは荘厳である。私の魂はこの歴史を層化して見せてくれるヨーク、とりわけヨーク・ミンスターにギュギュギュッと摑まれ、もう逃れられないだろうと思ってしまう。きわめて安らぎを感じる街でもあるからだ。美しすぎて安らぎを感じなかったエディンバラと好対照だ。

ウォールにはバーと呼ばれる中世の城門があり、かつて囚人たちが絞首刑にされたところがいくつかある。私はあるバーの石段を下りてみた。ミックリゲート・バーだった。犯罪人たちが処刑されたところは狭くて暗い。私は尋ねた。

「これは有名なバーですか？」

「はい、世界で一番有名なバーですよ」

とお役人が答えたが彼はすぐに答えを訂正した。

「いやいや、世界で一番悪評高きバーですよ」と笑いながら彼は私の入場チケットに髑髏と骨のスタンプを押してくれた。

またウォール上の歩道へと短い階段を上がった。ウォールの上では愛するミンスターが「ウェルカム・バック！」と温かく輝いて私の視野に入ってきた。陽光に暖められ、ウォール上の散歩を心ゆくまで楽しんでから下に下りて宿に急いだ。とあるバス停のベンチでスコットが若い女性に熱心に話しかけているのが目に入った。

「あら、スコットじゃない？」と声をかけるとスコットは私を認めて「今夜も話があるんだけど……」と言った。「わかったわ、いつでもどうぞ」そして「スコットランドの独立のためなら時間は惜しみません」と心中で続けた。

ヨークの三日目、キャッスル・ミュージアムに行った。イングランドのそれぞれの時代を代表する部屋があり、ヴィクトリア時代のゲートの豪華さに感動した。その帰り、またまたスコットに出くわした。彼はヘッド・フォーンに聞き入りながら歩いていた。

「おお、スコット！　なんという偶然！　ヨークでたったの三日目だというのにあなたに会うのはこれで三度目よ！」

「なあに、ヨークは小さい街なんですよ」とスコット。

「何を聞いているの？」

「今、首相はオーストラリアにいる。彼が外国に行く時は特に注意が必要なんです。何を言うか……」

おお、いったい彼は正気なの？　ちょっと悪寒が走った。

スコットは私の宿までついてきた。ロビーで彼は三回目の、そしておそらく最後の講義——いかにスコットランドの言語が美しいか、スコットランド人はどんなに心が温かいか——を繰り返した。

「知ってるわ、スコット！」

私は憂い多きスコットの考えを尊重しようと思った。スコットランドの独立に乾杯！

（彩子／スコットランド、イングランド／一九九二年）

## 世界遺産より途上国に目を向けよう

異文化、特に未開発国や途上国を探訪していると、今まで忘れてしまったものを再発見することが多い。過去を思い出させてもらうことがままあるのだ。それは貧しい庶民の生きる知恵があふれた生活である。チリやボリビアの山岳高地に暮らす原住民たちは、今もって飲料水は共同の井戸からのくみ上げであり、燃料は薪に頼っている。ここでよく見る履物はサンダルだが我々の子どもの頃は普段は下駄、農作業は草履だった。食物だって根菜類、芋、豆類の煮物、野菜の漬物が主体であるが、我々もそうであった。衣類はあまり着替えることがなく重ね着で分厚く着込んでいたからよく似ている。住まいだって農家の床は地べた、畳の代わりにムシロであった。

途上国で一生懸命働いて生きている人々の暮らしに触れるたびに感ずるのは、同じ人間に生まれても国や政治の違いで犠牲を強いられる貧しい人々がいかに多いかということ。原住民の生活体験を観光の目玉にしている国が結構あるが、多くの地区や家庭は洗いざらいの開放となる。未知の人たちが台所を覗くのだからいい迷惑のはず。

だが彼らも異国人の習慣の一端を覗き見ることができるのだし、それで刺激を受けることもある。

日本人には欧米コンプレックスがあり、明治開港以来、舶来崇拝思想があった。その延長で今でもブランドものに目がいくのだろう。かつて第二次大戦中体験した「欲しがりません、勝つまでは」の反動で豊かさを追求してきたが、最近では簡素な生活を懐かしむようになったご同輩が多かろう。

そこで定年後の夫婦旅行を提唱してみたい。途上国の生活を体験する旅へ。仕事から解放され、時間は自由、いつでもどこへでもその気にさえなれば出かけられるご同輩へ。昨今は計画さえ旅行社に伝えれば二人でもツアーを組める時代だ。夫婦旅を勧めるゆえんである。お膳立てされるのは刺激がなさすぎると思えば、健康、体力に自信があるなら若者と同じようなバック・パッカーの旅（リュックに何もかも詰めた「鼻の向くままの旅」）に挑戦してもいい。

私の場合は大体バック・パッカーの旅だ。大まかな計画、往復チケットだけで飛び出している。現地に行ってみればなんとかなる、の信念は変わらない。考えすぎたら旅には行けないから慌てない、あてにしない、諦めない、の三無を心掛け、せっかちな性分を抑えて行動することにしている。

私もまだまだ訪ねてみたい国が多い。非文明的暮らしに魅せられて。ユネスコの世界遺産を見て歩きたい人は多いと思うが、七〇〇以上もある世界遺産が全部見られるわけではないし、私の年になればなおさらだ。だから私は旅先で出会える住民との会話や暮らしを通じて多くの世界を知るほうが、ある意味では世界遺産を見聞するより価値があると思っている。彼らは生きている遺産なのだから。

古希を過ぎれば見たものも忘れ、体験したものも身につかなくなる。それならばかつて物の乏しかった子どもの頃の暮らしに今なお身を置いている途上国の人々に思いを馳せ、出かけられる人は出かけてみてほしい。限度を知らぬ利便性と効率性の中に身を置いている自分と途上国の人々との生活格差について、地球市民として考えてみてほしい。まだまだ未開発の国や地域の人々に何かできることがないか考えてみることは、セカンド・ライフのご同輩にとって大変意義があることと思っている。

（律昭／二〇〇四年）

## 人髪生地と眼鏡の山

この小文は他の紀行エッセイと異質な感じを抱かれるだろう。読むだけでドキッとされるかもしれないと、削除も考えた文である。けれども、私たちの旅は「地球なんでも見て歩き」であり、のどかで楽しいだけの夫婦旅ではない。地球の一角で過去行われたこと、途上国や過酷な環境下で現在生きている人々の暮らしを見て考えることも大きな目的である。地球上のすべての命を大切にする社会を齎《もたら》すにはどうすればよいだろうか。異文化背景の人々と戦争のない世に共に生きるにはどうしたらよいだろうかと。足元の平和に不安がある今、この小文がきっかけで一緒に考える人が出てくれることを願って、あえて載せたゆえんである。

ポーランドのアウシュヴィッツ収容所を訪問した人は少なくないと思うが、その人たちはそこで過去に行われたことのごく一部を展示物で見ただけで体に戦慄が走ったにちがいない。そこで手にしたパンフレットをもう一度、一ページ開くだけで動悸しだすだろう。もう一ページ進む時には頭がガンガンし、胃液が逆流しそうになり、全身が緊張でガチガチに固まるだろう。

「ああ、今ここで時間を、流れを止めなければ！」と、虐殺終焉後六〇年経った今でもあせりで心臓が締め付けられるのではなかろうか。アウシュヴィッツ収容所跡の国立オシフィエンチム博物館で悲しげに訴える無念の人々の声無き声、黙して語らぬ眼鏡フレームの山やトランクやバッグを生々しく思い出し、我が身に置き換えて。

「お前たちは不用の人種だから移住だ」と手入れを受け、貴重品を身につけ、トランクを持った家族の前に貨車の扉が開いた。身動きもできないほど押し込まれた人が見えたけれども、なお放り込まれようとしている。

「ああ、こうなると知っていたなら！」

往路のみで復路のない鉄道引き込み線の終着駅で降ろされ、「君の出口はあそこ」と奥に見える焼却炉の煙突のてっぺんを指差した将校に宣告された。

「ああ、そこで時間が止まっていたなら！」

虱のいるべとべとのムシロで鼠と共にこれから寝なければならない。

「ああ、今時間が止まったなら！」

脱走した人が連れもどされ、自分が拷問係に指名された。

「ああ、もっと前に流れを止めていたなら！」

脱走を試みた私のために、家族や友人の拷問があの装置で今始まろうとしている。

「ああ、もっと前に流れが止まっていたなら！」

シャワーをどうぞ、と騙されて脱衣所で服を脱いだ。入った部屋で流れ出たのはお湯ではなくガスだった！「ああ、ずっと前に流れが変わっていたなら！」

その日指名された親友の代わりに、異臭吐く煙突の下の焼却炉へ歩き始めた。

「ああ、もう遅い！」

ガラス張りの棚を埋め尽くす遺品の山には茫然として声を失う。立派な皮カバンには名前が読める。しっかりした字、キレイな字……Peterさん、Wisenkindさん、Maisonpierreさん……無念さを訴えているようだ。「どんなに苦しかったことでしょう、悔しかったでしょう！」と心中で話しかける。「この世に神はいない」と思って亡くなったことだろう。眼鏡の山、靴の山、ヘアー・ブラシの山……。

　中でもひときわおぞましいものがグルグル巻いた反物、昔洋服屋さんの棚でよく見かけた、大幅で大きく巻いた布地だった。ウールに見えるがよく見ると「人間の髪の毛で作った生地」とキャプションがあり、虐殺された人々の髪の毛で織った反物だった。そばに髪の毛の束が並べてあった。三つ編みした毛もあった。「いったい誰がこの布地を身につけることができたのだろう？」と身の毛もよだったが、経緯は知らされずに売られたことであろう。使用者にはうめき声が聞こえてきたのではあるまいか。あまりにもリアルな遺品のあるこの博物館は二度と訪問したくないところ、というのが夫と私の本音であった。

　感動したのはひっきりなしにその前を訪れる生徒、学生の団体の多さである。小・中学生は教師に引率されている。必ずその展示の前で教師が深刻な顔をして説明をする。子どもたちもみな深刻な表情で聞いている。次から次へとやってくる見学団体が必ずこの前で佇み、説明を受ける。一様に「なんと恐ろしい！」という顔つきを見せる。地元ポーランドだけでなくドイツからの学生団体もたくさん来ていた。子どもたち（小さい子も大きい子も）教師に指導を受けていた。ドイツでは過去の戦争についてもドイツ軍の残虐行為も徹底的に教えると聞く。将来過ちを繰り返さないために。どこかの国では戦争関連事項の記述さえ減らそうとしてきたのだが、ついに自衛隊の海外派遣が決まってしまった。

一五〇万人が殺されたというこの殺人工場の一部がそのまま博物館として保存されているのだが、多くの施設は最終段階で爆破されたり焼かれたりしたそうだ。残されている焼却炉はもちろんのこと、どの建物のどの展示も、見るだけで一声も発せられなくなるほど恐怖に体が震えるものであったが、当時毎日行われていたことをありのまま想像することは不可能であろう。展示を見るだけで体がこわばり、パンフレットを読むだけでも震えが走る地獄の収容所に、身を投じられたらまず神経がやられたことであろう。気が狂ったならばせめてもの幸いだったかもしれない。

「ドイツ人はこれをこんなふうに保存したくなかっただろうな」とは夫の率直な感想であったが、私はドイツ人という捉え方をしたくない。ナチス・ドイツの犯罪である、と思う。一人の愚かな人間が権力を握ることの恐ろしさ。ひとたび独裁者が権力の座につけば善悪の判断が鈍り、言論の自由が減っていく。言論の自由がなければ無限大の数の人間がいとも簡単に一人になびいてしまうのだ。極限状況では人間というものは誰しも拷問をすることが可能になるのだ。命とひきかえに良心を売らざるをえない状況となれば当然の成り行きであろう。

言論の自由がなければ正義は善良な市民の手から飛び去る。いつでも、いずこの国でも起こり得たこと、起こり得ること、なのだ。とくに反対意見を出しにくい国民性をもつ国では。意見表明の訓練を学校教育で積極的に行わない国、生徒は話すことより聞くことに慣らされている国では。

「ああ、ここで流れを止めなければ」と思った時、すかさず行動に移さなければ、「ああ、あの時流れを止めていたなら」と嘆く日は近い。ある国の大統領の戦争のように、一人が決定権を与えられたとき、普通の人の誰もが政治に関心を持たなければ、あっという間に拷問台の前に立たされる日が来ているだろう。拷問を受ける側にしろ、やらされる側にしろ、苦しみは同じことである。

（彩子／ポーランド／二〇〇三年）

## サンチャゴで会いましょう　――地球夫婦ドッキングの旅

還暦も過ぎ、現役から解放された夫婦は、今までの人生形態を緩やかに継続するタイプと、変化を求めて活動し合うタイプとに分けられるのではなかろうか。我々は後者のタイプである。お互い旅は好きだから単独で、または夫婦連れ立って行動するのだが、休みの関係上旅先で夫婦ドッキングを試みることがあった。

このドッキングの旅の事始めは銀婚式の記念行事、「カサブランカ（モロッコ）で会いましょう」だった。第一項に書いたが、それは可能性を賭けて、大決意の必要な企画であった。その時は日本から別々に北回り、南回りの航空機で出発した。お互いの旅の成功と無事の出会いを祝して、カサブランカで感動の「グラス・カッチン」をやったが、結婚二五周年の節目として記念すべきイベントだった。その時の感激が現在まで「気合を入れて自立した旅をし、変化も楽しもう！」という我々の人生観に脈打っているのだろう。

六〇代になり、「それぞれがやりたいことのある場所に住むことやむなし」という事情から、日本とアメリカに別居という生活が多くなった。その中でも時間を見つけて東京とオハイオのシンシナティを出発し、ソルトレイク（ユタ州）、デンバー（コロラド州）、ラスベガス（アリゾナ州）など各地で出会い、そこでレンタカーを借りて国立公園中心の旅をした。日本から出たほう（主として私だった）は上記の基地でストップ・オーバーし、共にシンシナティの住まいに帰って行った。経済的効率も一つの理由だった。

カンクーン（メキシコ）空港でも出会いを信じてドッキングを試みたが、この時は出会えず、約束していた宿で会うことができた。私がメキシコ・シティーに一年ほど駐在していた時で、気持ちに余裕があったのが失敗の原因だった。航空機の遅れを表示した掲示板を信用して妻の到着時間には地上係員に油を売っていた。アメリカから来た妻は予定通り到着し、私のいない待ち合わせ場所をさっさと通り抜け、その辺りを捜すこともせずバスに乗り、ホテルにチェック・インした。が、ホテルにも夫がいないので不審に思ったという。メキシコは治安が悪いからとクレディット・カードを持たずに来たので、会えなかった場合の所持金の不安が湧きあがったという。愚かにも私は妻の通り過ぎた後の空港でずっと待っていた。

お互い旅慣れていたことによる失敗だった。だがそれ以後、クレディット・カードやお金等、旅行必需品は夫婦それぞれが持つようにした。親切で荷物持ちをし、はぐれた場合はその親切が仇となる。会えない場合を想定しておくことは重要なことである。あの時は航空機の乗客名簿を調べて妻の搭乗を確認したり、スリルはあった。

今回はチリのサンチャゴで待ち合わせをし、ウルグアイ、パラグアイ、アルゼンチン、チリと四か国の旅をした。互いの事情から私はアメリカからサンチャゴへ、妻は日本からサンチャゴへ向かい、空港でうまく会えればすぐウルグアイへ、会えなければ一九九九年に泊まったホテル「リベルタドール」に行ってみる、とだけ決めて。

飛行機は妻が少し早く到着する予定だったが、三階の待ち合わせレストランには妻の姿はなかった。デルタ・エアラインのデスクに問い合わせると、悪天候の理由で六時間の遅れだという。六時間は長い。五年前泊まったホテルで会うのも一興だろうとセントロのホテルに向かった。カラファテの氷河を歩いた年に一泊したホテルだ。受付にいた若い女性に五年前泊まったこのホテルの領収書を見せると感動して微笑んだ。眺めの良い部屋を六四ドルで準備できるという。あとは妻を待つのみだ。

妻は七時間後にやってきた。受付からの電話で階下へ下りていった。にこやかに、一八年前のあの日、カサブランカのホテルで妻がにこやかに下りてきたように。

タイム・トンネルをくぐったようだった。一八年前の銀婚式プロジェクトでは夫婦が別に東京の家を出てアフリカのカサブランカで会ったが、会うこと自体がゴールだった。特に私は一人旅に慣れてはいなかったから。だが今は違う。二人とも空港バスと地下鉄を乗り継いで、迷うことなくこのセントロのホテル「リベルタドール」にやってきた。ここがカサブランカのハイアット・リージェンシーでないのは残念だが、地球の一角で待ち合わせを計画し、成功したことに違いはない。一八年後に、地球の別の反対側で。

あの時と違い、ここサンチャゴのホテルは、安いけれどもぴかぴかに磨き上げられた大鏡と食堂前の噴水が美しい、落ち着いたホテルだ。レセプショニストの温かい歓迎を受けたのはカサブランカと同様だった。「サンチャゴで会いましょう」という我々の企画を聞いて「ファシネイティング（魅惑的ですねェ）!!」と言ってくれた。

一八年前のあの時のレセプショニストの口からは「ファンタスティック（奇想天外ですねェ）」という言葉がこぼれた出たことを思い出した。ではここで、五年前に舌鼓みをうったソパ・デ・マリスコス（海鮮スープ）とフラン（日本の市販のものとはまるで違う超美味のプリン）で乾杯し、夫婦一緒に地球触れ合いの旅を続けることとしよう。

日本を遠くはなれた地球の一角でシニア夫婦が出会うって何のためだろう。いい年をして不安と期待が交錯する出会いって刺激がありすぎるように思いませんか。

（律昭／チリ、モロッコ、アメリカ、メキシコ／二〇〇四年）

# [エピローグ]

## 仮面は憂える

子どもの頃からずっと私は父の書斎に入るのが好きだった。その部屋にはどんな本でもあった。見たこともない豪華な花々の図鑑、人体や昆虫などの解剖図、はては落語の本まで。ひとたびその書斎に向かうと胸がわくわくし、本の扉を開くや否や我を忘れた。土手転がりや勉強に飽いた時、お店の手伝いからエスケープしたい時はもちろんだったが、年経て里帰りする今に至るまで、いつもこの部屋に足を踏み入れ、ひんやり動かない空気と一人の時間と夢想への旅を楽しんだ。けれどもこの部屋にたった一つ、私を落ち着かなくさせるもの――それも幼い頃のことだった――があった。般若の仮面である。

怖かった。他に飾り物のない部屋で、黒い布張りの壁面からにらんでいる。そのお面のことを考えると部屋に入りかけて一瞬たじろぐ。けれどもそれは生き物のように私を誘うのだった。私はいつもそのお面に語りかけた。

「なぜそんな怖い顔をしているの?」

「あなたは昔の誰なの?」

ある日そのお面はとても悲しげに見えた。中学生の頃だったろうか。一番上段の本を取ろうと椅子に乗った時かもしれない。思わず声をかけた。

「どうして今日はそんなに悲しいの。そんな顔に生まれたのが悲しいのかなあ。元気を出してよ」

その日以来般若は時には慰めてやるべき無二の友だちとなった。

後日私は『仮面の話』(中村保雄著)という本を読んでいて「あっ」と叫んだ。般若は見る位置により表情が違うと書いてある。俯けると悲しみの表情を、仰向けると怒りのさまを。私の懐かしい日々の般若は年齢や心理状態によって異なって見えただけでなく、それ自身が表情豊かに生まれついていたのだった。般若を見つめる私の身長が年々歳々高まっていったなら慰める日も多かったろうものを、悔しいかなこの友にはほとんど叱られっぱなしでさよならをした。

私は旅が好きだ。別の国の仮面にふと類似のものを見つけて感動する。遥か離れた国の人間が同じことを仮面に託してきたのだなあ、と。ネパールでは作り方を尋ね、上質の和紙に似た材料をもらってきた。スリランカの悪魔祓いの儀式は病気を治療または予防するため仮面をつけた悪霊に供え物を捧げる、というものだった。仮面舞踏用もあり、私の求めたものはこちらだ。頭飾りが派手でコブラが描かれている。エジプト、王家の谷や考古学博物館の、ツタンカーメンを始めとするファラオたちのマスクには溜息が出た。命の再生を願い信じてミイラとなし、来世の生活のためこれでもか、と堅固な守りの豪華な住居を準備したファラオたち。死の征服に成功したとは言えないまでも三〇〇〇年の眠りを経てなおその表情さえわかるというミイラ王たちの願いはある意味では実現したと言えるのではなかろうか。

仮面はなぜか私の心を捉える。仮面と出会うために多くの旅をしてきた私は仮面と過ごす時が限りなく好きだった。仮面と怒りを分かち合い、共に笑い、ありとあらゆる微妙な感情の影を仮面の表に読み取り、語りかけた。仮面と対話をする時、人間を魂のない体として取り扱いがちな多くの現代人たちよりも、あらゆるものに魂が宿ると思っていた原始の人々により一層共鳴できるのだった。

多くの戦争が起こり、命が奪われ、時が過ぎていった。生命を持つ仮面の面々と話そうと試みても彼らは多くを語ろうとしない。血の通った般若は悲しみや憤りを表現するエネルギーを残していないように見える。だから私の幼かった時のように慰めてやることができない。男の仮面は今では何世紀ものサバイバルを願ったりしないし、家族の病気の治癒を神に願うこともない。

昆虫や豪華な花々は今では亡き父の本の中に息づいているだけだ。子どもたちはもはや人体や昆虫の解剖図を学ぶ必要がない。色のない世界に人や動物や昆虫が横たわり、ミルクのような霧が覆い被さっている。豪華な静けさ。かすかに聞こえるのは人や動物や鳥や昆虫の骨たちの消え入りそうなおしゃべりだけ。

「ああ、いっぱいの期待を仮面に願った日々に帰りたいものですねェ」

「…………」

「…………」

（彩子／二〇〇四年）

## おじいさんになったら

今は古希を過ぎたばかりの若造である、と自分ではそう思っている。自分として認めるおじいさんは、九〇歳以上である。おじいさんになったらまず富士山に登ってみようと思う。三浦雄一郎のお父さん、敬三さんのような大規模な行動は私にはできない。だが山に登るのは好きだから日本名山を次々と梯子してみたい。

生活洋式は同輩の現在の志向と同様バリアフリーの家に住み、保守的な思考となってお金を使わず、チマチマと身近な慣習に従った行動にならざるを得ないだろう。だが子どもや孫の話をするのではなく、いつまでも自分自身が語れる年寄りでありたいと願っている。具体的には、コミュニティー・スクエアを作って地域の人々に開放する。青年の頃に戻って百姓の暮らしをしてみたいとも思っている。

では今をどう生きているか。一年の半分近くはアメリカ生活だ。四方を緑に囲まれた家で、夏は蛍と共存生活、冬は暖炉で薪を燃やす。無数の蛍は数日間の命を懸命に生きようと輝きながら相互にその生命力を試そうとするごとく乱舞する。日本では体験困難な心への点灯を覚える。暖炉の前でゴーゴーと音をたてて燃える炎と向き合う時、心の躍動を味わう。

頭脳の活性化のために人との交わりを大切にしつつ、旅はまだまだ海外中心のバック・パッカーとして、健康とお金の許す限り新体験重視の行動を心がけている。油絵は少し抽象画に進歩させて新しい息吹が感じられるものにしたい。加えて、生きている実感をエッセイに書いては元気をアピールしたい。

静と動の生活をすることで五〇歳の精神・肉体年齢を維持できると自分に言い聞かせ、多くの人々の平均的な「現おじいさん像」を二〇年後にいただこうと考えている。

（律昭／二〇〇四年）

# 彩子&律昭　旅の思い出〈二〇〇六年〜〉

アメリカ生活を共にした愛車のキャデラックと

# United States of America
# アメリカ

絵画制作の合間にウッドデッキで昼食を

我が家への入口、“ラクーンパス（アライグマ通り）”で
毎日Raccoonがやってきた！

庭には毎日野生のシカもやってきた

アメリカの家よ、さようなら。生活を共にした家具を満載したトラック

世界三大瀑布の一つ、ビクトリアの滝

Republic of Zimbabwe
ジンバブエ

インド最南端で入日を見ながら、Kingfisherという
インド産のビールで乾杯

Republic of India
インド

インド北部で乗馬を楽しむ彩子

首都サマルカンドの美しいモスク

Republic of Uzbekistan
ウズベキスタン

ウズベキスタンでイスラムタイルに囲まれてティータイム

サイパン　海を見下ろす丘で

Saipan, USA
サイパン

ミャンマーの古都バゴーの寝釈迦仏と

Republic of the Union of Myanmar
ミャンマー

ミャンマーの少女たちと記念撮影

白い民族衣装「カンドゥーラ」をまとって

## UAE, Dubai
## アラブ首長国連邦、ドバイ

プールのような巨大天然温泉

Republic of Iceland
アイスランド

白鳥と会える運河めぐり

# Kingdom of the Netherlands
# オランダ

風車の村、ザーンセ・スカンスの染料製造用風車

ブリュッセルのスーパーを楽しむ律昭

# Kingdom of Belgium
ベルギー

モスクワ、赤の広場にある聖ワシリイ大聖堂

# Russian Federation
# ロシア

マドリードのセルバンテス記念碑前にある
ドン・キホーテとサンチョ・パンサ像

# Kingdom of Spain
# スペイン

レストランはテラス席が最高！

赤と黄色の市電が走る
後ろに勝利のアーチが見えるリスボンのコメルシオ広場前

Portuguese Republic
ポルトガル

リスボン、オリエンテ駅のモダンな駅舎

首都ハバナの内務省ビル外壁に描かれたチェ・ゲバラ

## Republic of Cuba
## キューバ

1950年代ごろのクラシックカーが現役で走るキューバ

イサルコ火山

Republic of El Salvador
エルサルバドル

海辺の美しい夕暮れ

首都、テグシガルパのドロレス教会
この前の広場で彩子が強盗に遭った

# Republic of Honduras
# ホンジュラス

高校生と鍬を持ったピカッチョの丘

海辺の休憩室。「CERVEZA　FRIA」はスペイン語で「冷たいビール」

カリブ海屈指のダイビングスポットとして有名な
ロアタン島の海辺でくつろぐ律昭

エルカラファテの氷河をバックに満面の笑顔

Argentine Republic
アルゼンチン

## 著者プロフィール

# 小川 律昭（おがわ ただあき）

鳥取県倉吉市出身。定年生活アドバイザー。芝浦工業大学卒業後、(株) スリーボンドにてケミカル・エンジニアや役員等、社歴40年。58歳でスリーボンドU.S.A.現地法人に転勤、定年後顧問。その間メキシコに駐在1.5年。接着剤、シール剤に関する論文発表、講演多数。その後、アメリカ、オハイオ州シンシナティ市を生活基盤とし、北米40州をディスカバー・ドライブ旅行。日米を往復しつつ地球探訪、特に海外の屋外温泉を楽しみ、帰国後も継続。踏破した国・地域は119カ国。地球バック・パックの旅は、ある年からは夫婦一緒に。在米日本人向け新聞、「J-Angle」に妻、彩子と夫婦交互に「地球千鳥足」を書いて11年。モットーは「自分の人生は自分が主役」、「変化こそわが人生」。「加齢と老化は別」を信条とし、人さまに喜ばれる創造的な活動を心掛けてきた。油絵、随筆を楽しみながら、好奇心を武器に、何でもいつでも前向きに、元気な笑顔で世界を駆け巡ったアクティブ・シニア、地球漫歩自悠人。「ポジティブ、アクティブ、タフ、颯爽」等と形容されたが、2021年のクリスマスに天国へ旅立った。

主な著書

『還暦からのニッポン脱出　アメリカ・地球、住んで旅して騙されて』(2003年、文芸社)、『デートは地球の裏側で！夫婦で創る異文化の旅』(小川彩子共著、2004年、春陽堂書店)、『万年青年のための「予防医学」　還暦からのニッポン脱出』(2022年、文芸社)

## 小川 彩子（おがわ あやこ）

鳥取県米子市郊外出身。州立シンシナティ大学にて教育学博士。多文化・グローバル・平和教育者。エッセイスト。30歳で自己変革、52歳でアメリカの大学院入学。大学講師、博士号へと続く道や、英・和文の著書による多文化共生促進活動は泣き笑い挑戦人生。その後准教授となり、州立シンシナティ大学（UCBA）等で教壇に立った。「挑戦に適齢期なし」を信念とし、学会発表、講演の傍ら、地球探訪を重ねる。夫婦別々または一緒に地球を経巡り、踏破した国・地域は119カ国。体験の豊かさは心身の活性化をもたらす。人生は一度きり、騙され、眠り薬を飲まされてもなお人間と地球への愛は失せず。

主な著書
『音なし川は水深し　Still Waters Run Deep』（1982年、MUGI）、『音なし川は水深し〈pt.2〉』（1984年、MUGI）、『突然炎のごとく』（2000年、春陽堂書店）、『流るる月も心して　Across the Milky Way』（Joanne Centa 編、2006年、私家版〈英文和文旅行記〉）、『地球千鳥足　バックパッカー夫婦の人間遺産と触れ合う旅』（小川律昭共著、2017年、幻冬舎）

【HP】　http://ogawaa.web.fc2.com/
【ブログ】http://blog.goo.ne.jp/ogawaa

# デートは地球の反対側で！

2023年 2 月15日　初版第 1 刷発行

著　者　小川彩子＆律昭
発行者　瓜谷 綱延
発行所　株式会社文芸社
〒160-0022　東京都新宿区新宿1－10－1
電話　03-5369-3060（代表）
03-5369-2299（販売）

印刷所　株式会社暁印刷




ISBN978-4-286-26056-3